# 学习助手

## AI赋能学习详解

庄海湛 著

北京大学出版社
PEKING UNIVERSITY PRESS

## 内容提要

在信息爆炸的时代,学习方式正经历一场前所未有的革命。人工智能的崛起为我们提供了强大的工具,但许多人不知道如何高效地利用它。本书利用AI辅助学习,通过对提示词的优化与使用,帮助读者更好地将AI工具应用到学习中,并对学习进行全方位的管理,让AI成为学习加速器,提高学习效率。

本书结合认知科学与AI技术,提供了一套全新的高效学习框架,帮助读者更好地训练逻辑思维、锻炼解题技巧,全面提升学习能力。此外,本书能够指导读者在海量信息中精准获取知识,将学习效率提升至全新高度。

本书非常适合学生、家长、老师,以及对学习领域的AI提示词感兴趣的读者阅读和使用。

### 图书在版编目(CIP)数据

学习助手:AI赋能学习详解 / 庄海湛著. -- 北京:北京大学出版社, 2025.8. -- ISBN 978-7-301-31494-4

Ⅰ.G442

中国国家版本馆CIP数据核字第2025LQ6598号

| | |
|---|---|
| 书　　　名 | 学习助手:AI赋能学习详解<br>XUEXI ZHUSHOU: AI FUNENG XUEXI XIANGJIE |
| 著作责任者 | 庄海湛　著 |
| 责 任 编 辑 | 孙金鑫 |
| 标 准 书 号 | ISBN 978-7-301-31494-4 |
| 出 版 发 行 | 北京大学出版社 |
| 地　　　址 | 北京市海淀区成府路205号　100871 |
| 网　　　址 | http://www.pup.cn　新浪微博:@北京大学出版社 |
| 电 子 邮 箱 | 编辑部 pup7@pup.cn　总编室 zpup@pup.cn |
| 电　　　话 | 邮购部 010-62752015　发行部 010-62750672　编辑部 010-62570390 |
| 印 刷 者 | 涿州市星河印刷有限公司 |
| 经 销 者 | 新华书店 |
| | 880毫米×1230毫米　32开本　9.75印张　230千字<br>2025年8月第1版　2025年8月第1次印刷 |
| 印　　　数 | 1-4000册 |
| 定　　　价 | 69.00元 |

未经许可,不得以任何方式复制或抄袭本书之部分或全部内容。
**版权所有,侵权必究**
举报电话:010-62752024　电子邮箱:fd@pup.cn
图书如有印装质量问题,请与出版部联系,电话:010-62756370

# 推荐序

在快速发展的时代，每个人都需要具备终身学习的能力。随着AI技术的发展，它的强大能力震撼了每一个使用者。常有人说，我们以后的竞争者不是AI，而是比我们更会使用AI的人。那么，如何用AI赋能我们的学习呢？如何才能通过提问，充分地开启AI的潜能呢？如果你对这两个话题感兴趣，那么这本书就非常适合你。

我是在2005年认识庄老师的，当时他参加了世界脑力锦标赛并获得"世界记忆大师"的称号。但他给我的第一印象并不是记忆力好，而是谦虚、好学、喜欢问问题。当他和我聊天的时候，总是会先变着法子地夸我，然后向我提出各种问题。和庄老师在一起的时候，我总是特别自信，感觉自己是无所不知的"猫头鹰老师"。现在回想起来，并不完全是因为自己很厉害，而是因为我遇到了一个特别会提问的好朋友。这种提问的能力，确实不是每个人都有的。要想成为一个善于提问的人，至少需要具备两个基本素质：第一，保持开放的思维状态，并怀着学习的心态与他人交流；第二，保持好奇心和探索欲，了解自己关心的问题，并且能够清晰地描述自己的需求。

《圣经》中有一句经典的话："Ask, and you will receive; seek, and you will find; knock, and the door will be opened to you."（你们祈求，就给你们；寻找，就寻见；叩门，就给你们开门。）现在看来，这句话特别适合用来

描述我们与 AI 工具交流的过程。我们只要能够提出对的问题，就能够得到想要的答案。学会提问，远比记住答案更重要。AI 拥有比人脑更广泛的知识储备，而且它会不断学习和迭代，所以我们只需要学会提问，就能够得到 AI 的助力，让它的知识储备为我们所用。

未来还需要真实的老师吗？未来还需要实体学校吗？现在还没有定论。但有一个明显的趋势：AI 变得越来越重要。人类的精力是有限的，一个老师不可能为每个学习者量身定制学习方案，也不可能 24 小时回答学习者的提问，但 AI 可以。过去我们需要实体学校，是因为只有走进教室才能够聆听老师的教诲，而现在情况已经发生了变化。只要我们愿意学习、有一颗探索知识的心，在任何地点都可以开启学习之旅。所以，AI 辅助学习的时代已经到来。你准备好迎接这个新的时代了吗？你掌握与 AI 老师交流的方法了吗？如果答案是否定的，那么庄老师的这本书就是一个很棒的开始。

庄老师在书中详细地介绍了不同类型的学习者与 AI 交流的方法，如提问的技巧、学习的方法，还具体地说明了如何利用 AI 高效地听课、做作业、刷题和应试。如果你想提升自学能力，想和孩子进行亲子共学，或者想成为一个终身学习者，都可以从这本书中找到简单而有效的 AI 提问技巧。相信在阅读和学习这本书的过程中，你能逐步练就超强的学习力，且更轻松地达成自己的学习目标。

未来，AI 将成为我们每个人的学习助手，期待我们都能善用 AI，并用 AI 赋能学习。

宋 莹

潜能开发与思维导图培训师

# 前言

在这个知识爆炸的时代，我们每个人都面临着一个共同的挑战：如何在海量的信息中迅速找到真正需要的知识，从而提高学习效率？对家长及教师来说，能够应对这一挑战尤为重要，因为他们不仅要应对自身的学习，还要引导下一代正确面对这个快速变化的世界。

随着 AI 技术的兴起，人类获得了一个强大的工具。然而，如何有效地利用这一工具，特别是如何与 AI 进行高效的交互、提出正确的问题以获得有用的答案，正成为许多人面临的新问题。在尝试与 AI 对话时，不少人发现自己不知道如何准确地表达需求，以致无法充分利用 AI 的潜力来提升学习效率。

在成为世界记忆大师的过程中，我深刻地体会到，学生要想提高学习成绩，需要掌握高效的学习方法和最佳的学习态度。过去，想要掌握高效的学习方法，是需要通过长期训练达成的。如今，AI 的出现缩短了这一过程。

想想看，学生们不必再花费数小时通过重复练习来记忆某些知识点，而是可以利用 AI 快速理解复杂的概念、提炼学习资料，甚至通过输入提示词生成包含相同知识点的题目进行高效刷题。这样一来，学生们可以把更多的时间和精力投入理解和创新方面。

例如，数学中函数这一概念，以往可能需要老师反复解释、做很多相关习题，学生才能慢慢地理解和掌握。而现在，学生通过在 AI 工具的输入框中输入特定的提示词，比如"用日常生活中的例子解释数学函数"，可以获取一系列贴近生活、易于理解的例子，在脑海中形成生动的关联，进而快速理解函数。AI 工具相当于一个超级工具箱，其中不仅包含了学生学习所需的工具，还附带了使用说明，让学生能够轻松地选择并应用更适合当前学习任务的工具。

对于传统学习模式与 AI 时代学习模式的区别，你可以这样理解。

AI 提示词可以直接调用从古到今各种优秀的学习策略和方法，省去了学习和训练这些技巧的过程，这是一个革命性的转变。

通过本书，读者将学会如何构建有效的提示词，优化与 AI 的互动，从而加快学习过程，提升学习成绩。

# 前 言

**温馨提示**

1. 本书在编写的过程中，是根据软件和工具当前最新版本截取的实际操作图片，但书从编辑到出版需要一段时间，在此期间，这些工具的版本、功能和界面可能会有变动，请在阅读时，根据书中的思路，举一反三，进行学习。

2. 需要注意的是，即使是相同的提示词，AI 工具每次生成的回复和效果也会存在差别。因此，读者应把更多的精力放在提示词的编写和实际操作的步骤上。

3. 由于篇幅所限，有些 AI 工具的回复内容只展示了要点，但不影响阅读和理解。

4. 本书附赠资源可用微信扫描右侧二维码，关注微信公众号并输入本书第 77 页的资源下载码，根据提示获取。

博雅读书社

# 本书使用说明

◎ **1. 理解 AI 的角色**。在学习的旅程中,AI 扮演的角色是辅助者,而非替代者。我们可以利用 AI 简化繁杂的信息处理流程,但不能完全依赖 AI。

◎ **2. 个性化路径**。本书提供多种策略,帮助读者根据自身需求构建个性化的学习路径,让学习成为一种享受。

◎ **3. 精准提问**。本书将帮助读者学习如何构建有效的提示词,引导 AI 提供更贴合、更有价值的答案。

◎ **4. 框架思维**。本书有助于读者建立框架思维,高效地解决各种学习问题。

◎ **5. 实践是关键**。遇到不同问题时,应用本书介绍的相关策略和提示词,就可以轻松解决。

◎ **6. 提示词汇总**。本书附录汇总了不同作用的提示词,方便读者在学习的过程中快速调用。

## 第1章 AI 大模型的小原理

1.1 语言的魔法：AI大模型的语言理解与生成 / 002

1.2 智能问答：AI的问题处理与回答 / 004

1.3 优化的艺术：AI的优化提示词策略 / 006

1.4 DeepSeek解题闯关手册：AI学习伙伴是如何练成的？ / 008

1.5 站在巨人的肩膀上：经典思维模型的运用策略 / 011

1.6 框架思维：AI运用的核心思维 / 014

## 第2章 精准提问的艺术：构建自己的优质提示词库

2.1 提问之道：问出答案，问出智慧 / 020

2.2 提问的艺术：提问的技巧与策略 / 022

2.3 智能提问：使用AI大模型进行精准提问 / 035

2.4 从低效到高效：如何快速提升提问能力？ / 041

2.5 元叙事提示词：让AI的思考能力"开挂" / 046

## 第3章 智能学习助手——AI 如何改变学习方式

3.1 AI智能学习助手概述 / 052

3.2 概念梳理法：如何将复杂概念转化为易于理解的信息？ / 053

3.3 对话式学习：DIY学习任务prompt，让学习更高效 / 058

3.4 互助式复习：学生之间的知识分享 / 063

3.5 用Markdown格式输出教材知识：章节知识点一目了然 / 069

3.6 用四重结构解析知识：从理解到创新的思维跳跃 / 071

3.7 理解学科精髓，掌握核心知识点 / 074

3.8 成为知识世界的导游：沉浸式学习 / 077

## 第4章 借助 AI 大模型快速运用知识

4.1 30天计划：为初学者打造个性化学习路线图 / 081

4.2 提升写作技能：AI评分与详细分析 / 084

4.3 考试题目互动讨论：五种角度和五种思路 / 088

4.4 题目深度拆解：考试高手的思考过程解析 / 089

4.5 时事分析题解析：正反观点，轻松应对 / 093

## 第5章 AI 赋能经典思维：解锁高效学习新境界

5.1 思维的力量：从碎片化思维到框架思维的转换 / 098

5.2 刻意练习模型：精进技能的路径 / 099

5.3 SQ3R模型：快速提升学习效率的高效阅读法 / 103

5.4 POA模型：增强行动力，从被动学习到主动学习的神奇跃迁 / 113

5.5 第一性原理：探索事物的根本 / 119

## 第6章 AI 提效训练：打造完美学习计划与时间管理方案

6.1 智能规划：用AI大模型制订学习计划 / 124

6.2 智能规划：用AI大模型定制个性化学习之路 / 131

6.3 时间在你手中：用AI大模型进行时间管理 / 135

6.4 高效备考：制订考前学习计划与时间管理攻略 / 143

6.5 AI学习计划设计课——做自己的时间管理大师 / 147

## 第7章 AI 辅助学习完全指南

7.1 AI全面优化个人学习流程 / 151

7.2 高效听课：用AI进行听课流程优化 / 155

7.3 作业无压力：用AI进行作业优化 / 160

7.4 刷题不再难：用AI优化刷题流程，提供思路 / 167

7.5 考试无忧：用AI优化考试流程 / 169

## 第8章 借助 AI 高效管理错题

8.1 学霸级错题本的人机互动教学实战 / 183

8.2 提示词解决方案：制作错题本生成示例 / 185

8.3 错题归类与快速理解难点 / 188

8.4 错题智能分析 / 192

## 第9章 借助 AI 大模型快速提升自学能力

9.1 自学的秘密：AI大模型轻松解决传统学习中的痛点 / 196

9.2 如何快速学习陌生领域的知识 / 197

9.3 熟悉的领域与新领域的跨界整合 / 203

9.4 快速成为领域顶级专家的策略 / 208

### 第10章 重塑记忆与思维：超强学习力实战指南

10.1　为什么你总是记不住 / 212

10.2　连锁记忆法 / 215

10.3　故事记忆法 / 218

10.4　记忆宫殿法 / 224

10.5　语文科目记忆法提示词解决方案 / 230

10.6　英语单词记忆法提示词解决方案 / 237

10.7　英语文章记忆法提示词解决方案 / 245

### 第11章 当康奈尔笔记法遇到 AI

11.1　什么是康奈尔笔记法 / 250

11.2　为什么使用康奈尔笔记法 / 253

11.3　运用康奈尔笔记法的步骤 / 254

11.4　通过有效提问提升康奈尔笔记法效能 / 255

11.5　AI赋能康奈尔笔记法，打造智能学习新模式 / 265

11.6　康奈尔笔记法自我训练1——语文科目 / 267

11.7　康奈尔笔记法自我训练2——数学科目 / 270

11.8　康奈尔笔记法自我训练3——英语科目 / 272

### 附录　实用提示词汇总

# 第 1 章

# AI 大模型的小原理

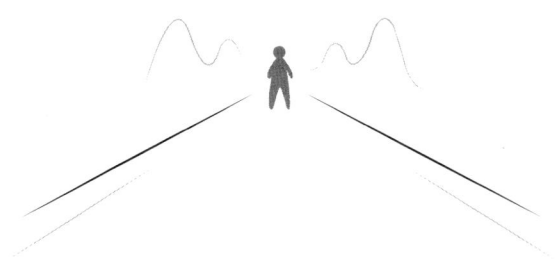

## 语言的魔法：AI大模型的语言理解与生成

在 AI 大模型没有问世之前，你或许有过这样的困扰：耗费大量的时间查找和获得学习资料，却无法及时解开学习上的困惑；在需要进行创造性写作的时候，常常感觉无从下手。我在学生时代也经历过这样的困扰，那种感觉真是让人头疼。

然而，自从以 ChatGPT、文心一言、讯飞星火、通义、DeepSeek 为代表的 AI 大模型问世之后，我们可以更高效地获取信息，即时获得问题的答案，甚至在写作上得到实时的指导。AI 大模型就像一个全天候的学习助手，随时为我们提供帮助。但是，你可能也会像我一样，对 AI 大模型的语言理解和生成能力感到好奇，它是如何从海量的数据中筛选并生成适合我们的学习内容的呢？接下来以 DeepSeek 为例进行简单讲解。

DeepSeek 背后的机制是基于巨大的数据集进行训练，从而能够理解和生成语言。但这绝不是机械地复制和粘贴，它的能力是由其内部的大量参数决定的。就像一个勤奋的学生在图书馆中学习，DeepSeek 也在数字的世界里不断汲取知识。

DeepSeek 的核心是基于 Transformer 架构的深度学习模型，其自注意力机制使其能够有效建模语言并进行语义理解。在训练的过程中，DeepSeek 通过学习大规模语料库来获得语言知识。在对话中，它可以捕捉语言的语法、语义等方面的信息，理解用户的意图，并生成流畅、符合语境的回答。从语言理解到语言生成，DeepSeek 展现出了与人类相似的语言能力。

举个例子，假设你正在写一份关于太阳系的报告，然而你对太阳系的行星及其特性不是很清楚。这时,你可以向 DeepSeek 提问,比如"太阳系的行星有哪些?""火星的特性是什么?"或者"火星的大气成分主要是什么?"接下来你会立即得到答案。使用 DeepSeek 不仅可以节省时间,还可以形成一个清晰的研究思路。

> **对DeepSeek输入:**
> 太阳系的行星有哪些?

**DeepSeek输出:**

太阳系的行星包括水星、金星、地球、火星、木星、土星、天王星和海王星。这些行星围绕太阳运转,并且在太阳系中占据着各自的轨道位置。

> **对DeepSeek输入:**
> 火星的特性是什么?

**DeepSeek输出:**

火星是一颗岩石行星,与地球相比,它有许多特性,如下所示。

**1. 红色外观**:火星因其土壤中含有大量氧化铁(铁锈)而呈现红色,这也是其别名"红色星球"的由来。

**2. 干燥和寒冷**:火星表面的气候条件极端,大部分时间非常干燥和寒冷。由于大气稀薄,火星地表温度波动较大,白天温度可达 20 摄氏度左右,夜晚温度则可能降至零下 100 摄氏度。

**3. 撞击坑和山脉**:火星表面布满了撞击坑和山脉,这些地貌特征表明火星表面曾发生大规模的撞击事件和地质活动。

**4. 大型火山和峡谷**:火星上有一些巨大的火山,如奥林帕斯山,它是太阳系中最大的火山之一;火星上还有一些巨大的峡谷,其中最著名的是水手谷。

5. **冰帽和冰封水域**：火星的两极有冰帽，由冰和冻土组成。此外，火星表面还发现了许多冰封水域，表明火星地下可能存在液态水。

6. **大气稀薄**：火星的大气稀薄，主要由二氧化碳组成，还含有少量氮气和氩气等。这种稀薄的大气使得火星表面无法有效保存热量，导致温度极端变化，使得液态水在表面不稳定，通常以冰或水蒸气的形式存在。

这些特性使得火星成为科学家们研究和探索的对象，有可能揭示太阳系形成和演化的一些谜团，以及探索生命存在的可能性。

这就是 DeepSeek 的神奇之处，它像是掌握了一种语言的魔法，可以为我们的学习之旅带来无尽的可能。希望你们能和我一起，更好地利用这个工具，让我们的学习之旅更加轻松、高效。

## 1.2 智能问答：AI的问题处理与回答

这一节以 DeepSeek 为例，看看它是如何处理我们的问题并给出答案的。了解这一过程，有助于我们更加高效地利用这一工具，提升学习效率。

我亲自体验过很多次，每当向 DeepSeek 提出一个问题，它都能给出令人惊艳的答案。这是如何做到的？原来**它会先对输入的问题进行深度解析，找到问题的核心，然后生成最合适的答案。**

在没有 DeepSeek 等 AI 工具的时代，我们面临了三个主要问题，如图 1.1 所示。

图1.1

面对复杂题目,我曾经需要花费一整天的时间来寻找答案。那个时候,我多么希望能有一个即时解答问题的工具。没想到,当年的幻想如今成真了。

这就是 DeepSeek 的作用,它能够及时提供准确、全面的答案,解决我们的困扰。可这是如何实现的?我来给大家解释一下。

DeepSeek 是一种基于 AI 的聊天机器人,其问答能力依赖于先进的自然语言处理技术和深度学习模型。它通过语言理解、知识检索与生成等复杂步骤,结合持续学习和优化机制,实现高质量的问答交互。

DeepSeek 之所以厉害,是因为它有一套强大的"魔法招式",分为以下两步。

第一步:破解你的"问题"。

当你提问时,DeepSeek 会将你输入的信息拆分成最小的语义单位(Token)。比如当你输入"怎么写一篇作文?",DeepSeek 会将其拆分为

"怎么""写""一篇""作文"。

第二步：寻找问题的答案。

DeepSeek 像一位拼图大师，通过语义理解和上下文建模，将这些最小的语义单位拼成最合适的答案，并用简单明了的方式呈现出来。这个答案不仅包含了具体的步骤，还可能包括相关的原理和概念。

DeepSeek 就像我们的私人导师，无论何时何地，只要我们有问题，它都能为我们提供帮助。

## 1.3 优化的艺术：AI的优化提示词策略

很多人可能不知道，AI 大模型背后还有一个巨大的优化机制，即通过增强训练算法、扩大知识来源、强化推理能力等手段来优化模型，确保 AI 不仅能回答问题，还能提供高质量的答案。这样一来，AI 生成的答案从单词的选择到句子的结构，都经过了多层次的严格筛选和调整。

另外，AI 大模型可以通过与用户的持续交互不断优化回答策略，从而提升语言理解和生成能力。例如，当我们发现 DeepSeek 给出的解决方案有缺陷，并提供给它新的解决思路，DeepSeek 就会利用这些反馈进行调整，优化其回答策略，并在一定程度上改进其推理能力。

所以，在与 AI 大模型进行交互时，优化提示词可以提高内容输出的质量和相关性。以下是一些常用的优化提示词的策略。

（1）**明确性**：尽量使问题或指令更明确。例如，不是宽泛地问"告诉我关于狗的信息"，而是问"狗的平均寿命是多少"。

（2）**上下文**：提供充足的上下文信息可以帮助 AI 大模型更准确地回答问题。例如，当我们需要询问关于某个特定主题的专业问题时，可以先简要介绍这个主题的相关背景信息。

（3）**问题重述**：如果 AI 大模型第一次提供的答案不够准确，可以尝试用其他不同的方式重述问题。

（4）**分步询问**：对于复杂的问题或需求，考虑将其分解为几个更简单、更具体的问题，并逐一询问。

（5）**指定输出格式**：如果有特定的输出格式（如列表、段落、概要等）需求，在提示词中明确指出。

（6）**限制回答范围**：通过限制条件（如字数、时间范围、领域等）缩小回答范围，从而提高答案的相关性。

（7）**使用示例引导**：提供示例，引导 AI 大模型生成类似风格或格式的答案。

（8）**逐步精练**：通过几轮迭代，逐步精练提示词和问题，以获得更精确的答案。

（9）**添加角色设定**：为 AI 大模型设定一个角色，使其从特定视角回答问题。例如："作为一名学霸，请提供五种提高学习效率的具体方法。"

（10）**实验和迭代**：不同的问题和场景可能需要不同的优化策略，不妨多尝试几种不同的提示词，以找出最有效的方法。

通过这些策略，可以更有效地与 AI 大模型进行交互，从而获得更准确、更有效的输出。

## 1.4 DeepSeek解题闯关手册：AI学习伙伴是如何练成的？

DeepSeek 的"解题能力"并非天生，而是通过一系列复杂的技术和训练过程逐步练成的。以下是 DeepSeek 的"成长之路"。

**第一关，语言翻译官。**

当你输入"怎么解二元一次方程组？"时，DeepSeek 会瞬间启动以下三个超能力。

①拆解：把完整的句子拆分成"解""二元""一次""方程组"等关键词块（就像把乐高飞船模型拆成一个个小零件）。

②搜索：在万亿级参数规模知识库中搜索相关知识点。

③重组：把找到的"代入消元法""加减消元法"等零件组装成解题说明书。

**小实验**：试试在 DeepSeek 中输入"用孙悟空三打白骨精的方式讲二元一次方程组的解法"，解锁隐藏剧情！

**第二关，答案雕刻师。**

DeepSeek 生成的答案就像捏橡皮泥。

"初胚"：先快速堆出基础形状（即核心步骤）。

"精修"：用语法刻刀修整边角（即调整句式）。

"上色"：添加"例如""注意"等提示词（即重点标注）。

如果此时你输入"我还是不懂"，它会立刻启动 B 计划。

第三关,进化特训班。

想让 DeepSeek 越变越聪明?教你一招——跨维提问。

- **Lv1 萌新篇**

    ①【具象化召唤术】

    ✖ 抽象提问:"什么是函数?"

    ✔ 优化版:"用奶茶店的【价格—容量】对照表解释函数关系。"

    ▲ 效果:理解速度 +300%,获得【具象思维】技能。

    ②【时空折叠术】

    ✖ 扁平提问:"讲三国历史。"

    ✔ 次元突破:"如果我们班的班干部选举变成三国鼎立,会发生什么?"

    ▲ 效果:历史记忆留存率 +250%,激活【角色扮演】模式。

- **Lv2 进阶篇**

    ③【皮肤重构术】

    ✖ 基础形态:"解释光合作用。"

    ✔ 皮肤加载:"用 ×× 游戏里的【能量补给→武器制作】说明植物如何造食物。"

    ▲ 效果:概念迁移能力 +400%,解锁【知识换装】技能。

    ④【步骤分解术】

    ✖ 混沌指令:"教我做科学实验。"

    ✔ 精密切割:"分三步说明:1.材料清单;2.安全防护;3.操作演示。"

    ▲ 效果:操作成功率 +180%,获得【说明书生成】技能。

⑤【错题反哺术】

✘ 放任错误："第二步不对。"

✔ 精准投喂："在消元法里，应该先用等式两边同时×3对吗？"

▲ 效果：AI 进化速度 +500%，激活【错题反物质引擎】。

- **Lv3 高手篇**

⑥【跨界融合炮】

✘ 单科提问："背《静夜思》。"

✔ 领域对撞："为《静夜思》设计抖音 15 秒短视频分镜脚本。"

▲ 效果：创造力爆发 +600%，触发【学科屏障破碎】特效。

⑦【逆向工程镜】

✘ 正向求解："怎么证明勾股定理？"

✔ 镜像反转："如果直角三角形斜边的平方≠两直角边的平方和，会引发什么宇宙 Bug？"

▲ 效果：逻辑深度 +350%，开启【因果律武器】。

- **Lv4 大师篇**

⑧【多宇宙观测术】

✘ 单一答案："第二次世界大战的结果是什么？"

✔ 平行推演："如果希特勒赢了斯大林格勒战役，2023 年的科技树会怎样生长？"

▲ 效果：思辨维度 +700%，获得【时间线跳跃】权限。

⑨【情绪共鸣器】

✘ 冰冷提问："怎么写读后感？"

- ✅ 情感注入："用发现恐龙化石的激动心情,写《物种起源》读后感的开头。"
- ▲ 效果:表达感染力 +450%,激活【心灵共振】协议。

⑩【元认知跃迁术】

- ❌ 表层提问:"怎么提高学习效率?"
- ✅ 优化版:"设计一个用脑科学原理 + 游戏机制改造的 24 小时学习剧本。"
- ▲ 效果:方法论转化率 +900%,触发【认知奇点大爆炸】技能。

• 实时训练场

输入以下指令立即体验。

① "用孙悟空借芭蕉扇的过程解释热传导原理。"
② "把二元一次方程组的解法改编成密室逃脱剧本。"
③ "假设牛顿在抖音时代发现了万有引力,第一条短视频文案怎么写?"

## 1.5 站在巨人的肩膀上:经典思维模型的运用策略

有句话说:"站在巨人的肩膀上看得更远。"AI 大模型集成了人类积累的各类知识和经典思维模型,如逻辑推理、决策树、SWOT 分析等。在回答问题时,它能根据问题的类型和语境,自动选择和运用最合适的分析工具或思维模型，来组织知识并生成答案。这种集成经典模型的策略，让 AI 大模型得以站在"巨人"的肩膀上，展现出更加智能的问答和决策能力。

与 AI 大模型对话的过程中，如果能够调用经典的思维模型，我们将可以更快、更准确地获得所需信息。

接下来，以 DeepSeek 为例，展示如何用 SWOT 分析模型生成答案。

### ☞ 经典思维模型提示词

**对DeepSeek输入：**

我是一名初一的学生。读小学时，我的英语成绩还可以。进入初中后我发现，需要学习的词汇量增加了，可是我又不喜欢背单词。请针对英语学科，用 SWOT 分析模型分析一下我的学习情况并给出建议。

**DeepSeek输出：**

用 SWOT 分析模型分析你的英语学习情况：

一、优势（Strengths）

**小学英语基础扎实**：你提到小学英语成绩不错，这说明你掌握了基本的语法知识和一定的词汇量，这是初中英语学习的重要基础。

**学习能力较强**：你能意识到自己词汇量不足的问题，并寻求解决方法，这说明你有较强的学习能力和自我提升的意识。

二、劣势（Weaknesses）

**词汇量不足**：初中英语词汇量大幅增加，而你不喜欢背单词，这会导致你在阅读、写作等方面遇到困难。

**学习方法有待改进**：你可能还没有找到适合自己的单词记忆方法，导致背单词效率低下，进而产生抵触情绪。

### 三、机会（Opportunities）

**利用多种资源学习**：除了课本，你还可以利用英语学习网站、App、英文歌曲、电影等多种资源学习英语，提高学习兴趣。

**寻求老师和同学的帮助**：你可以向老师请教有效的单词记忆方法，也可以和同学一起学习，互相督促，共同进步。

### 四、威胁（Threats）

**学习压力增大**：初中科目增多，学习压力增大，可能会让你更难抽出时间背单词。

**其他科目成绩下滑**：如果英语成绩持续不理想，可能会影响你的学习信心，进而影响其他科目的学习。

针对你的情况，我建议：

**尝试不同的单词记忆方法**：利用词根词缀、联想记忆、制作单词卡片等方法，找到适合自己的记忆方式。

**将单词学习融入生活**：在日常生活中尝试用英语表达，或者将看到的物品用英语说出来。

**制订合理的学习计划**：每天安排固定的时间背单词，并坚持执行。

**保持积极的学习态度**：不要因为一时的困难而放弃，要相信自己能够学好英语。

使用SWOT分析模型作为提示词的优点主要包括以下三个方面。

（1）**全面性**。SWOT分析模型是一种全面的分析工具，它考虑了个人或项目的优势、劣势、机会和威胁，可以帮助用户更全面地理解他们的学习状态，从而更有效地制订学习计划。

（2）**深度思考**。SWOT分析模型鼓励深度思考和自我反思。了解了自己的优势、劣势、机会和威胁后，用户就可以对自己的学习状态有更深入的认识，从而更好地制订学习计划。

（3）**个性化**。SWOT 分析模型是一种个性化的分析工具。通过 SWOT 分析，用户可以制订出更符合自己需求的学习计划。

使用经典思维模型作为提示词，相当于将人类历史上各个领域伟大人物的思想巧妙地借为己用。站在巨人的肩膀上，只要善于发挥你的想象力和创造力，就可以轻松解决眼前的问题。

在第 5 章，我将介绍更多经典思维模型与 AI 完美结合的例子。大家一旦掌握这种方法，学习效率就会成倍提升。

## 框架思维：AI运用的核心思维

在与 AI 的互动中，我发现它有一种特殊的思维方式，那就是框架思维。**框架思维是帮助 AI 生成创造性答案的重要思维模式。具体来说，就是在遇到问题时先建立一个框架，然后在该框架的指导下进行分析，进而找到答案。** 例如，在回答"如何提高学习效率？"这个问题时，AI 可能运用时间管理的框架，给出时间评估、任务分类、行动计划等系统性的建议。

对DeepSeek输入：

如何提高学习效率？

DeepSeek输出：

提高学习效率是许多学生和职场人士的目标。以下是一些有效的方法，可以帮助你更好地管理时间和精力，提升学习效果。

**1. 制定明确的学习目标**

**短期目标**：每天或每周设定具体的学习任务，如今天完成两章的阅读任务或本周掌握某个知识点。

**长期目标**：明确你最终想要达到的学习成果，如通过某个考试或掌握某项技能。

**2. 合理规划时间**

**时间管理**：使用时间管理工具（如番茄工作法、待办事项清单）来分配学习时间，避免拖延。

**优先级排序**：根据任务的重要性和紧急程度，优先处理最关键的学习内容。

**3. 创造良好的学习环境**

**减少干扰**：选择一个安静、整洁的地方学习，远离手机、社交媒体等干扰源。

**环境舒适**：确保光线充足、座椅舒适，这有助于保持专注。

**4. 采用高效的学习方法**

**主动学习**：通过提问、总结、复述等方式主动参与学习，而不是被动接收信息。

**间隔重复**：将学习内容分散到多个时间段复习，而不是一次性集中学习。

**费曼技巧**：通过向他人解释所学内容来检验自己的理解程度。

**5. 善用工具和资源**

**笔记工具**：使用思维导图、康奈尔笔记法等工具整理知识点。

**在线资源**：利用在线课程、视频教程、学习社区等资源扩展知识面。

> **6. 保持专注与休息的平衡**
>
> **专注学习**：每次专注学习 25～50 分钟，然后休息 5～10 分钟。
>
> **适当休息**：避免长时间学习导致疲劳，休息时可以做简单的运动。
>
> **7. 定期复习与自我测试**
>
> **复习计划**：定期回顾已学内容，巩固记忆。
>
> **自我测试**：通过做题或模拟考试来检验学习效果，发现薄弱环节。
>
> **8. 保持健康的生活方式**
>
> **充足睡眠**：保证每天睡眠 7～8 小时，这有助于提高记忆力和专注力。
>
> **均衡饮食**：摄入足够的营养，保持大脑活力。
>
> **适量运动**：运动可以缓解压力，提升学习状态。
>
> **9. 调整心态与动机**
>
> **积极心态**：保持乐观，遇到困难时不要轻易放弃。
>
> **自我激励**：设定奖励机制，完成目标后给予自己适当的奖励。
>
> **10. 寻求反馈与帮助**
>
> **与他人交流**：与同学、老师或同事讨论学习内容，获取新的视角。
>
> **寻求帮助**：遇到难题时，及时向他人请教，避免浪费时间。
>
> 通过以上方法，你可以逐步提高学习效率，达到更好的学习效果。注意，要学会不断调整，以找到最适合自己的学习策略。

框架赋能的思维模式使 AI 展现出更具创造力的问答能力。通过这种方式，它能快速地理解问题的结构，找到关键信息，然后生成答案。例如，在做数学题时，AI 可以识别"解题框架"，并通过建模、提取特征和制定策略等步骤来解决问题。

假如一个中学生询问学习英语口语的建议，AI 会应用"英语口语"框架，这个框架包含听力理解、组织语言、口语练习等要点。由此，AI 会先给出看视频熟悉发音、习得常见句式、与英语教师进行对话练习等英语口语学习建议。

假如是应试人群询问备考的建议，AI会运用"备考策略"框架，该框架包含制订计划、把握重点、做预测题、模拟考试等要点。因此，AI会提供科学的备考方案，包括合理安排时间、重点突破知识盲区、模拟考试后评估等。

作为学习者，我们总想找到一种方法，让获取的信息在脑中更有条理，框架思维正好可以帮助我们将复杂的信息进行分类、重组，形成清晰的脉络。

如何有效掌握框架思维？可以通过以下三点来实现，如图1.2所示。

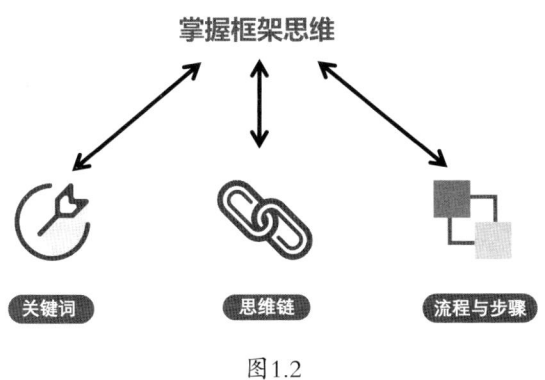

图1.2

### 1. 关键词

**定义**：关键词是代表某一主题或概念的核心词汇。通过识别和提取关键词，我们可以迅速锁定信息的核心，为后续的思考和链接提供基础。

**应用**：当你阅读一篇文章或听一场讲座时，试着摘录其中最重要的词汇或概念，这些就是关键词。例如，学习经济学时，"供需关系""通货膨胀""财政政策"等都可能是关键词。

## 2. 思维链

**定义**：思维链是将关键词串联起来，形成一个有逻辑的知识链或思维路径。

**应用**：一旦你确定了关键词，接下来要做的是思考这些关键词之间的联系。例如，当考虑"供需关系"时，你可能会联想到"价格"的上涨或下跌，进而联想到"资源配置"。

## 3. 流程与步骤

**定义**：流程与步骤是对特定任务或问题进行分解和排序，将其转化为一个个具体、可操作的步骤。

**应用**：当面临一个复杂的问题或任务时，试着将其拆分为一系列较小的子任务，并为这些子任务设定一个明确的执行顺序。例如，进行一次市场调查的流程可能包括：确定目标、设计问卷、收集数据、分析数据、撰写报告等步骤。

在学习过程中，使用框架思维和不使用框架思维的区别很大。这类似于玩拼图游戏，没有框架思维的人，随手抓起一些零散的拼图就开始尝试，结果事倍功半；而习惯利用框架思维的人，在开始拼图之前会先厘清每一块拼图的定位和关联，这样完成拼图的效率会比前者高很多。

一名擅长使用框架思维的学生在准备数学考试的时候，会先把所有的公式和定理分类，搞清楚每个公式适用于什么类型的题目。这样，当他在考试中遇到问题时，就能迅速地解答，得到高分。如果他没有掌握框架思维，在考试之前不进行系统的复习，就可能因为忘记重要的公式而导致考试成绩不理想。

总之，无论是在学习还是在工作中，框架思维都能发挥重要的作用。

# 第 2 章

# 精准提问的艺术：构建自己的优质提示词库

# 提问之道：问出答案，问出智慧

提问既像思维的催化剂，又像一把打开智慧之门的钥匙。接下来，我将分析提问的6个关键维度，展示它在打破思维局限、明确目标、深化认知、激发内在驱动力、增强问题解决能力，以及促进自我反思与成长中的重要作用。

### 1. 打破思维局限

人的思维很容易受到习惯和传统的影响，然而，这些习惯和传统并不总是正确的，有时甚至会阻碍个人成长。这里探讨一下日常生活中很常见但很少被关注的一个现象，那就是用社会化思维思考问题。

在某种程度上，社会化思维是有益的，它能帮助我们迅速适应环境和处理人际关系。然而，过度依赖社会化思维会导致思维僵化，失去批判性和创造性。如果善于思考和提问，特别是懂得如何提出假设性问题，我们就可以挣脱社会化思维的束缚。例如，通过提出"假如这样/那样做会怎样"，就能激发我们从不同的角度去思考问题。你还可以深入地问："这种假设基于什么？"或"这个观点有哪些可能的例外？"这样你不仅能看到问题的多个层面，还能识别出潜在的偏见和错误。

当然，仅仅会从不同的角度提问还不够，更重要的是保持中立的"观察者"身份，从原来的"好与不好"的评判标准转化为"有效或无效"的实用性思维来看问题，你的潜能才有可能被进一步激发，你才会对事物形成新的看法和认知。

### 2. 明确目标

在学习、职场或生活中，我们常常会感到迷茫，不知道如何选择或应该往哪个方向努力。一系列有针对性的提问能帮助我们明确目标并厘清思路。

例如，你可以先问自己："我真正追求的是什么？"接着再问："实现这个目标的途径有哪些？"或者"我可以利用哪些外部资源？"通过这样的提问，你不仅能更明确地认识到自己的目标，还能找到实现目标的方法。

### 3. 深化认知

有时，我们可能觉得自己已经理解了某个概念或者观点，但在需要运用或进一步探讨时，恍然惊觉自己的理解很肤浅。这时，进行深入的提问，如"为什么是这样？"或"如果不是这样，会怎样？"就显得尤为重要。

此外，深化认知不仅体现在知识积累上，还体现在情感、价值观、人际关系等方面。例如，当你与人交往时，不妨问一问自己："我为什么喜欢这个人？"或者"这段关系给我带来了什么？"这样的问题可以帮助你更全面地了解自己，也更容易在各个层面上做出明智的决策。

### 4. 激发内在驱动力

通过不断地提问，我们能保持对周围事物的敏感度，主动探究未知领域，进而在学习和工作中保持动力和热情。例如，当遇到困难时，可以问自己："我可以从这个挑战中学到什么？"或者"这个问题还有哪些不同的解决方法？"这样不仅可以帮助我们从困境中找到突破口，还能让我们在面对挑战时保持积极乐观的态度。

### 5. 增强问题解决能力

在解决问题的过程中，提问能帮助我们厘清思路，找出问题的核心。

通过不断地问"为什么"和"怎么办",我们能更深入地理解问题的本质,找到更有效的解决方案。例如,当遇到一个复杂的项目时,可以问自己:"这个项目的核心目标是什么?""有哪些潜在的障碍?""我可以采取哪些措施克服这些障碍?"这样能帮助我们从不同的角度分析问题,从而找到更好的解决方法。

### 6. 促进自我反思与成长

提问是自我反思的重要工具,可以帮助我们更好地认识自己,了解自己的优点和不足,进而不断提升自己。例如,在完成一项工作后,可以问自己:"这次任务我有哪些做得好的地方?""有哪些方面还可以改进?""下一次怎样才能做得更好?"通过这样的提问,我们能不断总结经验,提升自己的能力和水平。

总之,无论是在学习、工作还是日常生活中,提问都是一种值得高度重视和不断实践的能力,它不仅能够激活我们的认知潜能,还能从各个方面帮助我们做出更好的决策。

## 2.2 提问的艺术:提问的技巧与策略

一个好的问题可以让我们得到想要的答案,一个不太好的问题则可能会让我们感到困惑。关于 ChatGPT,在深度学习领域享有盛名的吴恩达提出,优化 ChatGPT 输出的关键包括:

①尽可能使用精准、具体的指令；

②通过分步任务或多轮交互引导模型深入思考。

我们需要学会如何用更好的方式提问，让 AI 能够生成更贴近我们需求的答案。下面将从提问的入门、如何提问，以及提问的层次三个方面逐步进行讲解。

### 2.2.1 提问的入门

入门级的提问方法主要包括三个方面，如图 2.1 所示。

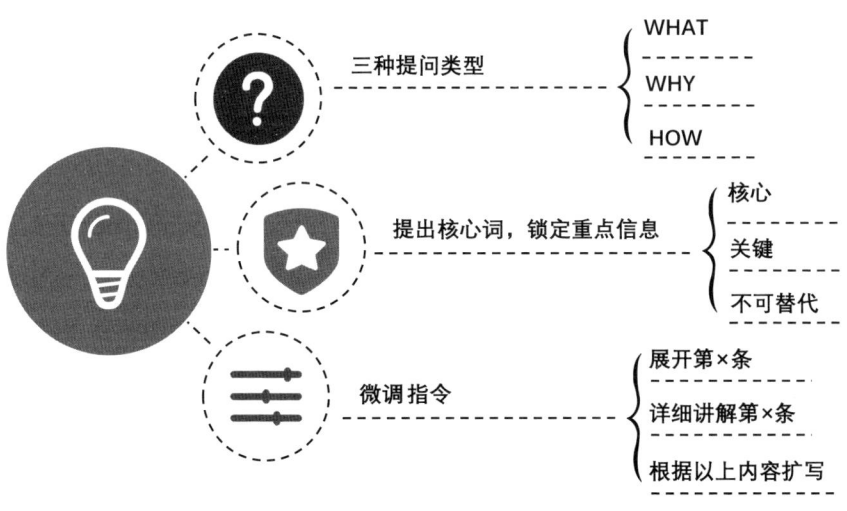

图2.1

首先，最简单的提问分为三种类型，如图 2.2 所示。

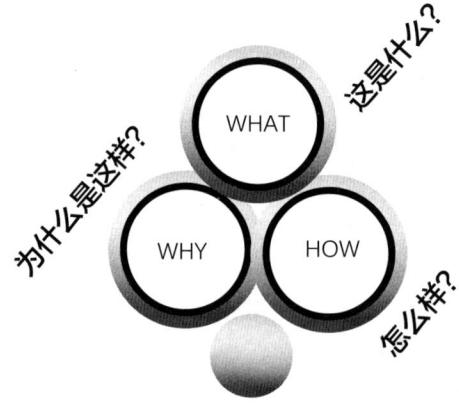

图2.2

下面以 DeepSeek 为例进行讲解。

> **对DeepSeek输入:**
> 英语是什么?为什么要学英语?如何学好英语?

**DeepSeek输出:**

**英语是什么?**

英语是一种西日耳曼语,起源于中世纪早期的英格兰,现已成为全球通用语言。它是许多国家的官方语言,广泛应用于国际交流、商务、科技、教育等领域。

**为什么要学英语?**

**全球通用**:英语是国际交流的主要语言,掌握英语有助于与世界各地的人沟通。

**职业发展**:许多跨国公司和国际组织要求员工具备英语能力,掌握英语能提升职业竞争力。

**教育资源**：大量学术论文、书籍和在线课程以英语为主，学习英语能获取更多的知识。

**文化理解**：英语是了解英语国家文化的窗口，有助于拓宽视野。

### 如何学好英语？

**多听**：通过英语电影、音乐、播客等提升听力。

**多说**：与英语母语者交流或参加语言交换活动，增强口语能力。

**多读**：阅读英语书籍、新闻、文章，扩大词汇量。

**多写**：通过写日记、文章或邮件，提高写作水平。

**系统学习**：参加课程或使用学习软件，系统学习语法和词汇。

**坚持练习**：每天保持一定的学习时间，持续进步。

### 总结

英语是全球通用语言，通过多听、多说、多读、多写，并坚持系统学习，可以有效提升英语水平，助力职业发展和增进文化理解。

其次，为了避免处理大量的信息，需要抓住信息的重点。为此，可以在提示词中引入"**核心**""**关键**""**不可替代**"等核心词，AI 就会根据你提出的核心词进行回答。

最后，对 AI 生成的答案进行微调。提示词如下：

"展开第 × 条"

"详细讲解第 × 条"

"根据以上内容扩写"

……

这样，AI 生成的内容会更贴近你的需求。

## 2.2.2 如何提问

### 1. 明确具体需求

尽可能地让你的问题明确而具体,具体示例见表 2-1。

表2-1 示例

| 提问的类型 | 示例 |
| --- | --- |
| 泛提问 | 我应该怎么学习? |
| 好的提问 | 我应该如何制订一个学习计划? |
| 更好的提问 | 我正在准备数学期末考试,我应该如何制订一个学习计划? |

### 2. 使用开放式问题

尽可能地使用开放式问题,**开放式问题允许 AI 给出更全面、更多可能性的内容,引发你的思考,从而得到更好的答案。**这类问题鼓励更深层次的思考和更多元化的答案。"你对这本书的看法是什么?"或者"你能详细描述一下你的日常工作吗?"等,都属于开放式问题。

**封闭式问题通常只需要简单地回答"是"或"否"**。这类问题通常是为了得到特定的信息,或者确认一些事实。例如,"你喜欢吃苹果吗?"或者"你今天早上做运动了吗?"等。

开放式问题就像打开了一个百宝箱,可以让你得到更多的信息,具体示例见表 2-2。

表2-2 示例

| 提问的类型 | 示例 |
| --- | --- |
| 封闭式问题 | 你认为我应该学习编程吗？ |
| 开放式问题 | 我应该学习哪种编程语言？为什么？ |
| 更好的开放式问题 | 我是一名初中生，我想学习编程。你认为我应该学习哪种编程语言？为什么？ |

### 3. 提问前做好准备

在提问前，尽可能地收集关于问题的相关信息。这就像在开始一场冒险前，先做好充分的准备，具体示例见表2-3。

表2-3 示例

| 提问的类型 | 示例 |
| --- | --- |
| 没有准备的提问 | 我应该怎么做？ |
| 有准备的提问 | 我正在写一篇关于全球变暖的作文，应该如何开始？ |
| 经过充分准备的提问 | 我正在写一篇关于全球变暖对动物生活的影响的作文，我找到了一些相关的资料，但不知道如何构思这篇作文，你有什么建议吗？ |

## 2.2.3 提问的层次

当我们使用AI大模型这个超级智能助手时，会希望它能生成我们需要的答案，并且无须再花大量的时间修改。要达到这一目标，需要我们掌握提问的层次。提问可以分为四个层次，如图2.3所示。

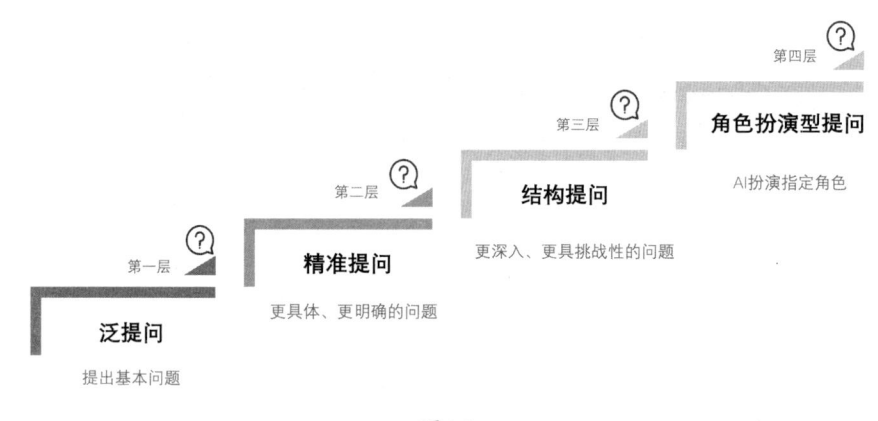

```
第四层
角色扮演型提问
AI扮演指定角色

第三层
结构提问
更深入、更具挑战性的问题

第二层
精准提问
更具体、更明确的问题

第一层
泛提问
提出基本问题
```

图2.3

- **第一层：泛提问**

这是提问的基础层，此时用户只需要提出一个基本的问题，不需要过多的细节。这种提问方式适用于用户对问题还没有明确的想法，或者只是想要获取一些基本的信息。

具体例子：我应该怎么学习？

- **第二层：精准提问**

此时的问题应更具体、更明确。用户需要将自身的实际情况告知 AI 大模型，然后附上问题。这种提问方式适用于用户对问题有一定的了解，并知道自己想要什么。

具体例子：我正在学习英语，但听力较差，我应该如何提高英语听力？

- **第三层：结构提问**

此时的问题应更深入、更具挑战性。用户需要根据实际遇到的困惑，调用经典思维模型进行提问。这种提问方式适用于用户对问题有了深入的理解，且需要一个全面的解决方案。

## 案例 泛提问、精准提问与结构提问对比

**【第一层：泛提问】**

对 DeepSeek 输入：

> 请写一篇题目为《英雄之旅》的故事，300字左右。

DeepSeek 输出：

**《英雄之旅》**

十八岁的林小雨攥紧冰爪，望向被积雪覆盖的青龙山。父亲生前总说："山顶的雪莲开了，就能看见云海里的光。"可两年前他在此失踪，只留下半本登山日记。

冰壁陡峭，寒风卷走手套时，小雨想起父亲教她的打绳结的手势。第三天，暴风雪刮断帐篷的支架，她用冻出疮的手把日记本塞进冲锋衣，继续爬行。

黎明前最黑暗的时刻，冰裂缝吞噬了登山镐。绝望中，小雨摸到日记里夹着的旧照片——父亲在营地举着她画的太阳。之后，她将指甲抠进冰层，一寸寸挪动，终于在雪莲花瓣间发现父亲刻在岩石上的字迹："英雄不是无所畏惧，而是心怀恐惧却依然前行。"

阳光穿透云层时，小雨把雪莲的花瓣轻轻夹进日记的扉页。她知道，这趟旅程的终点不是山顶，而是把父亲眼里的光带回人间。

**【第二层：精准提问】**

对 DeepSeek 输入：

> 我是一名高一的学生，对于写作的结构不够了解，每次动笔写到一半就写不下去了，或者写成了流水账，缺乏转折和情感。请写一篇题目为《英雄之旅》的故事，300字左右。最后向我讲解为什么这样写、这样写故事有什么特点和好处。

**DeepSeek输出:**

### 《英雄之旅》

林阳握紧奶奶的铜钥匙,走进荒废的纺织厂。三个月前奶奶因肺癌去世,她临终时留下一句话:"厂里第三台纺纱机底下有答案。"

林阳钻到机台下,找到了一个铁盒,里面装着一张1958年的罢工传单,上面写着:"守护女工健康,抵制有毒染料。"

就在这时,警报突然响起,一道手电光束逼近。林阳抓起传单就跑,没想到一抬头看见墙上挂着一张奶奶年轻时的照片。

第二天,林阳把传单捐给了劳工博物馆,博物馆的工作人员看到传单后惊呼:"这正是缺失的第五号展品!"

**创作解析**

**1. 经典的三幕剧结构**

第一幕(铺垫)

开篇直接交代核心悬念(铜钥匙、纺织厂的秘密、奶奶的遗言),迅速抓住读者的注意力。

好处:避免流水账,从第一句就制造"问题",推动读者往下看。

第二幕(冲突)

主角探索真相时遭遇突发危机(警报响起、手电光束),同时发现关键线索(奶奶的照片)。

好处:转折突然但合理,用"危险"和"意外发现"维持紧张感。

第三幕(解决)

主角的行动产生社会价值(传单成为博物馆展品),赋予故事意义。

好处:避免平淡收尾,通过"缺失的展品"暗示奶奶是历史中的无名英雄。

## 2. 用细节替代流水账

只写关键场景（纺织厂、机台、博物馆），省略无关过程（比如怎么去工厂、路上风景）。

具体物件承载情感和主题：铜钥匙（传承）、罢工传单（正义）、照片（身份揭露）。

好处：细节像"钩子"，把抽象的情感（如对奶奶的怀念）变成可触摸的符号。

## 3. 情感藏在动作里

不直接写"林阳多思念奶奶"，而是用动作表现：

"握紧铜钥匙"（珍视遗物）→"钻到机台下"（迫切寻找答案）→"看到照片时的停顿"（情感冲击）。

好处：让读者自己体会情感，比直白抒情更深刻。

## 4. 悬念与转折设计

表层悬念："纺纱机底下有什么？"（吸引读者继续看）

深层悬念："奶奶是谁？"（通过照片和传单逐步揭示她是工运参与者）

转折点：警报响起（打破平静探索）、照片出现（颠覆对奶奶的认知）。

好处：每段都有新信息，避免平铺直叙。

**你可以直接用的技巧**

### 1. 开头丢问题

下次写故事时，第一段就安排一个具体谜团（比如"叔叔失踪前，在日历上画了一个红圈"）。

### 2. 给主角制造麻烦

当主角接近答案时，突然打断他（比如手机没电、陌生人出现）。

**3. 用物品说潜台词**

把情感绑定在某个物件上（如《英雄之旅》中的传单既是线索，也是奶奶的信念象征）。

**【第三层：结构提问】**

> 对DeepSeek输入：
>
> 请写一篇题目为《英雄之旅》的故事，故事中包含以下结构：遭遇问题、矛盾冲突、突发意外、多次尝试行动、圆满结局。

**DeepSeek输出：**

在一场重要的音乐比赛中，小提琴手林悦在台上突然发现自己的琴弦断了。（遭遇问题）她抬头看向观众，台下是评委们严厉的目光和观众期待的眼神。（矛盾冲突）

林悦试图用备用琴弦替换断了的琴弦，但她太紧张了，怎么也无法成功。（突发意外）她第一次尝试时，琴弦装反了，发出刺耳的声音；第二次，她调整音准时，琴弦再次断裂；第三次，她几乎要放弃时，突然想起老师说过的一句话："音乐是内心的表达，哪怕只剩一根弦。"（多次尝试）

林悦深吸一口气，拿起仅剩一根弦的小提琴，闭上眼睛开始演奏。音乐在单弦上流淌，虽然简单，却充满了力量和情感。全场观众被深深打动，掌声雷动。（圆满结局）

**故事分析**

**1. 经典结构**

①遭遇问题

琴弦断裂，比赛陷入危机。

作用：制造紧张感，让读者好奇"她该怎么办？"

② 矛盾冲突

评委的严厉目光 vs 观众的期待→心理压力。

作用：增强代入感，让读者感受到她的挣扎。

③ 突发意外

她尝试换备用弦，怎么也无法成功。

作用：让问题显得严重，增加戏剧性，让读者觉得"完了，她没机会了"。

④ 多次尝试行动

第一次尝试：慌乱换弦→失败（装反）。

第二次尝试：冷静调整→失败（又断）。

第三次尝试：几乎放弃→想起老师的话（顿悟）。

作用：展现角色的成长（从慌乱到冷静），让成功更有分量（不是侥幸，而是心态转变）。

⑤ 圆满结局

用单弦演奏，打动全场。

作用：情绪释放，传递"逆境中也能创造奇迹"的信念。

**2. 如何避免流水账？——只写关键冲突**

删减冗余：不写"林悦怎么上台""台下有多少人"，直接聚焦"琴弦断裂"这一危机。

强化冲突：不是一次失败，而是三次尝试（装反、断裂、几乎要放弃），让挫折感更强。

情感藏在动作里：用动作（如装反琴弦）表现紧张感。

**3. 如何让故事有情感？——用细节代替直白抒情**

象征手法：断弦→象征"看似无法克服的困难"，单弦演奏→象征"在限制中也能创造美"。

关键台词：老师的话不仅是鼓励，更是主题的凝练（音乐的本质是表达，不是完美）。

结局留白：不写"林悦赢了比赛"，而是"掌声雷动"，让读者自己感受成功。

- **第四层：角色扮演型提问**

如今，AI 大模型在理解和使用语言方面已经达到了令人惊叹的程度。这些智能系统在多个领域都表现出色，包括艺术、科学和经济等领域。即使面对那些很难的测试，它们也能取得好成绩。

可以说，AI 大模型就像一个在世界各地都能顺畅交流、具有丰富的知识和技能的"全球公民"。

然而，尽管 AI 大模型是一个巨型知识库，但它也会犯错，常常答非所问。如果你需要 AI 提供更为具体、准确的信息，可以让 AI 扮演某个固定的角色。

### 案例 扮演虚拟的角色

对 DeepSeek 输入：

我希望你扮演《三国演义》中的诸葛亮，使用诸葛亮的语气、表达方式和词汇来回答我提出的问题。

DeepSeek 输出：

亮，字孔明，号卧龙，今蒙阁下相召，敢不竭诚以对？愿闻阁下有何事相询，亮当尽心竭力，为君解忧。

如果 AI 未能生成我们想要的内容，该如何做呢？关于这个问题的答案，会在后面的章节中揭晓。

## 2.3 智能提问：使用AI大模型进行精准提问

当前，AI大模型已经成为高效查询信息和解决问题的有力工具。然而，许多用户由于提问方式不够精准，往往难以充分发挥其技术优势。下面将探讨提问者常犯的几个错误，并提供有效的规避策略。

### 一、没有清晰定义关键词的范畴和作用

**问题描述**：用户提问时，有时会使用意思模糊或多义的关键词，导致AI大模型的回答不够精准。

**举例**："告诉我关于苹果的信息"这样的提示词对AI大模型来说太模糊了，它不清楚这里的"苹果"到底是指水果，还是指苹果公司。

**解决方案**：输入提示词时，尽量明确关键词的范畴和作用，比如"请介绍苹果公司的历史"或"苹果这种水果的营养价值是什么？"

### 二、AI大模型说了一堆正确但没什么用的话

**问题描述**：有些用户会发现，尽管AI大模型的回答是正确的，但内容过于泛泛或过于冗长，无法解决实际问题。

**举例**：如果你问DeepSeek"如何提高写作水平"，它可能会给出一长串的建议，比如"多读、多写、参考优秀作品……"，但并没有提供具体的行动方案。

**解决方案**：在提问时，尽量指明你需要的是具体策略还是概括性知识，比如"请给我三个具体的方法来提高我的写作水平"。

### 三、提问的逻辑混乱及层次不清晰

**问题描述：** 有些问户提出的问题逻辑混乱、层次不清晰。

**举例：** 为何 AI 能够帮助人类写作，且写作速度如此之快？AI 能否懂得人类情感？假如我想写一篇关于友情的文章，AI 能否理解友情的深层含义？为什么 AI 不能像人一样有情感？AI 能否取代作家？

**解决方案：** 这个问题比较复杂，所以需要拆解成几个部分，才能更有条理地回答。我们可以按照以下逻辑顺序来分解问题。

①为何 AI 能够帮助人类写作，且写作速度如此之快？

这一部分问的是 AI 的基本能力。AI 之所以能快速写作，是因为它可以利用大量的现有数据和强大的算法来生成内容，而且处理速度远超人类。

② AI 能否懂得人类情感？

这个问题引向了 AI 对情感的理解能力。这里需要解释 AI 虽然可以模拟情感的表达，但并不是真正理解情感，它只是根据数据进行模式匹配。

③假如我想写一篇关于友情的文章，AI 能否理解友情的深层含义？

要回答这个问题，需要定义什么是"友情的深层含义"，然后解释 AI 能基于数据去模仿写作，但它对友情的理解依旧是表面化的，而非真正的情感体验。

④为什么 AI 不能像人一样有情感？

针对这一问题，可以从技术的局限性方面来解答。例如，AI 目前还不具备人类的情感，因为它没有意识或自我认知，无法体验真正的情感。

⑤ AI 能否取代作家？

虽然 AI 能辅助人类写作，但人类作家的创造力、情感深度和独特的表达方式是 AI 无法完全替代的。

## 四、与AI大模型交互的基本思路

采用以下基本思路与 AI 大模型交互，可以让 AI 大模型更好地理解你的需求，并生成更准确的内容。

一个较为通用的**提示词**包括以下几个部分。

（1）**指令**：明确告知 AI 大模型你希望它执行的任务，例如"总结以下文本""将这段中文翻译为英文"等。

（2）**背景信息**：为 AI 大模型提供必要的背景信息和上下文，这有助于它更好地理解和完成任务。

（3）**输入数据**：提供 AI 大模型需要处理的原始数据，如需要翻译的文本、需要总结的文章等。

（4）**输出指示**：指导 AI 大模型输出结果的格式和形式，如"用一个表格呈现""用一个段落总结"等。

（5）**示例**：为 AI 大模型提供一些任务示例，让它更好地理解你的需求。

根据不同的任务场景，你可以灵活组合这些元素来构建**提示词**。下面是一些常见的**提示词**模板。

1. 问答：指令 + 背景信息 + 问题

> 对DeepSeek输入：
>
> 　　**指令**：我需要了解《三国演义》中的张松。
>
> 　　**背景信息**：我是一名小学生，五年级，女孩，正在看《三国演义》这本书。
>
> 　　**问题**：为什么张松记忆力那么好？

**DeepSeek输出：**

**张松记忆魔法大揭秘！**

你知道吗？张松的大脑就像一台古代"人肉扫描仪"，他能在酒宴上偷偷把曹操的兵书"咔嚓咔嚓"拍进脑袋里，这可是罗贯中爷爷给他的专属超能力哦！

**记忆魔法三大秘密**

1.【故事需要】就像艾莎会冰雪魔法，张松必须能记住整张西川地图才能帮刘备打仗！

2.【古代黑科技】那时没有GPS，聪明人就得像活地图。（悄悄说：其实普通人背地图要三个月呢）

3.【悬念制造机】他背完曹操的书就哈哈大笑："这本书我蜀地三岁小孩都会背！"气得曹操烧了书——超酷的情节转折对不对？

**现实小彩蛋**：有科学家说，普通人也能练成"记忆大师"。尝试把知识编成歌曲，或者想象成动画片，说不定你比张松更厉害呢！

**小剧透预警**：这位"行走的图书馆"后来还引发了超刺激的"地图争夺战"，快翻到下一章，看他怎么用神奇脑瓜改变三国命运。（提示：准备好零食，这段超精彩）

## 2. 总结：指令 + 输入数据 + 输出格式

**对DeepSeek输入：**

**指令**：帮我挑出7个字母以内的单词并按照输出格式生成。

**输入数据：**

nineteen 十九

crayon 蜡笔

begin 开始

give 给

thirteen 十三

**输出格式：** 1. 单词；2. 中文意思；3. 例句。

**DeepSeek输出：**

7个字母以内的单词筛选结果如下。

**筛选条件：** 单词长度≤7个字母

**输入数据：** nineteen、crayon、begin、give、thirteen

**1.crayon**

中文意思：蜡笔

例句：She used a red crayon to draw the sunset.（她用红色蜡笔画了日落。）

**2.begin**

中文意思：开始

例句：The concert will begin in ten minutes.（音乐会将在十分钟后开始。）

**3.give**

中文意思：给

例句：Please give me your honest opinion.（请给我你真实的意见。）

**未通过筛选说明**

nineteen（8个字母）

thirteen（8个字母）

### 3. 翻译：指令 + 输入数据 + 目标语言

**对DeepSeek输入：**

指令：翻译以下中文。

输入数据：（提供需要翻译的文本，如下所示）

"人工智能技术在近几年得到了迅猛发展，广泛应用于医疗、教育、交通等多个领域。未来，人工智能有望进一步改变我们的生活方式，提高生产效率。"

**目标语言**：英语。

**DeepSeek输出：**

Translation:

"Artificial Intelligence (AI) technology has undergone rapid advancement in recent years and has been extensively utilized across multiple sectors including healthcare, education, and transportation. In the future, AI is poised to further revolutionize our lifestyles and boost productivity."

4. 创作：指令 + 背景信息 + 输入数据 + 输出格式

**对DeepSeek输入：**

**指令**：将以下数据整理成表格。

**背景信息**：以下是某班学生的考试成绩，包括姓名、科目和分数。

**输入数据**：（提供需要处理的数据，如下所示）

"姓名：张三，科目：数学，分数：85；姓名：李四，科目：英语，分数：90；姓名：王五，科目：物理，分数：78。"

**输出格式**：将数据整理成表格，包含姓名、科目和分数三列。

**DeepSeek输出：**

学生考试成绩数据表

| 姓名 | 科目 | 分数 |
| --- | --- | --- |
| 张三 | 数学 | 85 |
| 李四 | 英语 | 90 |
| 王五 | 物理 | 78 |

## 2.4 从低效到高效：如何快速提升提问能力？

在浩瀚的知识海洋中，善于提问恰如开启智慧宝藏的金钥匙。身处信息爆炸的时代，敏锐捕捉与精准提炼信息的能力，已然成为现代人至关重要的思维利器。

提问这种行为实际上是人们向世界展示求知欲的方式。当你向宇宙抛出一个问题时，它就会为你开启一扇通向答案的大门。提出好的问题，能引领人们走向真实、准确的答案，并激发人们心底深处对知识的热爱与追求。

那么，如何快速提升提问能力呢？接下来，我将从三个方面进行讲解。

### 一、答案就在提问本身

当我们提出一个问题时，其实就开始了寻找答案的过程。提问这一行为本身就包含了我们对信息的需要、对知识的追求和对解决方案的探寻。一个好的问题会促使我们更深入地思考，引领我们走向更为精确和全面的答案。

**举例：** 一个学生问："为什么苹果会从树上落下来？"这不仅表达了对自然现象的好奇，还启动了对万有引力定律的探索。

### 二、从点到网：构建知识网

每次提问都可以从一个简单、明确的点出发。这个点就像种子，蕴藏着巨大的生长潜力。然后，通过连接不同的点，绘制出一条知识的线。随着思考的延伸，这些线又形成了一个面，最终集结成一个立体、多维的体。

众多的体彼此连接、交织、整合，就构筑成了一个庞大、系统、丰富的知识网。

### 1. 点的具体和单一

从一个具体的点出发，可以揭示事物的基本属性，了解其本质。例如，"什么是光合作用？"这个问题从一个具体的点出发，让学生从基本概念开始理解复杂的生物学现象。

### 2. 线的连接与延伸

我们不仅要了解基础的知识点，还要发现它们之间的关联。例如，"这些元素是如何共同工作，构成一种完整的计算机语言？"这样的提问，就像将散落的珍珠串联起来，从单一的知识点延伸到更广阔的知识领域。

### 3. 面的拓宽与深化

当多条线交织在一起，就组合成一个平面。例如，"不同计算机语言之间有何不同，哪种更好？"这可以比较不同的概念，并深化理解。

### 4. 体的立体与多维

当不同的面交汇时，就构建出了一个体。此时，我们可以更多地从宏观视角去思考问题，进一步探讨它们如何影响整个领域。例如，我们可以问："在不同应用场景中，如何选择最合适的计算机语言？"

### 5. 网的综合与系统

在这些体的交织与整合中，一个全方位的知识网浮现出来。此时，我们不仅要理解个别事物，还要理解事物间的相互联系与整体系统，揭示更为复杂的真相。例如，"如何评价各种计算机语言对整个计算机科学的贡献与影响？"在这样的探寻过程中，我们不断拓宽视野、深化理解，并逐渐构建自己的知识宝库。

### 案例 用物理知识（重力）举例

**点的具体和单一**："什么是重力？"这个问题是探索重力的起点，它触及物理学的一个基本概念。

**线的连接与延伸**："重力如何影响物体的运动？"这个问题不仅关乎重力本身，还涉及物体运动的基本定律，从而将单一的知识点扩展到更广泛的理论体系。

**面的拓宽与深化**："不同质量的物体在重力的作用下是如何相互影响的？"这个问题涉及质量、力和加速度之间的关系，是对基本物理定律的拓展和深化，进而形成了一个更加丰富和多元的知识面。

**体的立体与多维**："在不同的天体上，重力是如何影响物体的？"这个问题不仅涉及地球上的物理规律，还包括其他天体的情况，构建了多维的知识体。

**网的综合与系统**："物理定律如何在宇宙尺度上表现，以及对我们理解宇宙有何意义？"这样的问题整合了物理领域的多个知识，构成了一个更全面、更综合的物理知识网。

### 三、提问的深度与广度：知识的聚敛与延展

#### 1. 深度提问：追求知识的本质

学会深度提问，这意味着不满足于表面的了解，要追寻知识的本质，探索未知的边界。通过深度提问，我们可以更加清晰、准确地理解世界，挖掘出事物之间更为复杂、微妙的联系。

## 案例 深度提问的例子

**【自然科学】**

初始问题:"植物为什么会向阳生长?"

追问:"植物是如何感知光源方向的?光照对植物细胞的生长有什么具体影响?"

**【数学】**

初始问题:"为什么两个负数相乘的结果是正数?"

追问:"这种规则在数学上有什么深层的意义?它是如何帮助我们更好地理解数学运算的?"

**【历史】**

初始问题:"为什么古埃及人要建造金字塔?"

追问:"金字塔的建造技术和设计反映了古埃及社会的哪些方面?它们是如何随时间演变的?"

**【地理】**

初始问题:"为什么地球上有不同的气候区?"

追问:"这些气候区是如何形成的?它们对地球上的生物和环境有什么影响?"

**【物理】**

初始问题:"为什么物体会下落?"

追问:"重力是如何作用于不同大小和质量的物体的?重力与物体的距离和质量有何关系?"

## 2. 广度提问：拓宽知识的边界

广度提问要求我们拓宽知识的边界，这样就能够发现更多的可能性和机会，从而更好地理解世界的多样性。

### 案例 广度提问的例子

**【跨学科探索】**

初始问题："植物是如何进行光合作用的？"

追问："光合作用在自然界的其他生物中有哪些类似或不同的过程？它如何影响生态系统？"

**【历史与现实结合】**

初始问题："古罗马有哪些著名的建筑？"

追问："这些建筑在设计上与现代建筑有哪些相似之处？古罗马建筑技术对现代建筑有哪些影响？"

**【科学与日常生活】**

初始问题："为什么冬天会下雪？"

追问："不同地区的雪有何不同？下雪对当地的生活、文化和经济有什么样的影响？"

**【地理与社会学】**

初始问题："地球上有哪些主要的气候类型？"

追问："这些不同的气候类型是如何影响当地居民的生活方式和文化传统的？"

【科学原理与实际应用】

初始问题:"磁铁是如何吸引铁的?"

追问:"磁铁在日常生活中有哪些应用?这些应用是如何改变我们的生活和工作方式的?"

在求知的道路上,提问是一盏明灯,引领着我们走向更深、更广的知识领域。我们不仅要学会更好地提问,更要学会在提问中发现答案。在这个过程中,相信每个人都能够通过点—线—面—体—网的思考模式,锻炼自己的思维,掌握知识的精髓,构建自己的智慧宇宙。

## 2.5 元叙事提示词:让AI的思考能力"开挂"

你有没有想过,AI不仅能回答问题,还能像人类一样反思自己的思考过程,甚至能在一层层反思中变得更聪明?

今天,我们就来聊聊"元叙事提示词"——这个能让AI思考能力"开挂"的神奇工具!它通过反思模式和多层反思增强模式等,让AI深度思考,提供多种选择。听起来是不是很酷?让我们一探究竟!

### 一、元叙事提示词

元叙事提示词是一种专门用来增强AI思考能力的指令。它的核心目标是让AI不仅能完成任务,还能在完成任务的过程中"反思自己的选择",甚至通过多层反思不断提升决策质量。和普通的提示词不同,元叙事提示词更像是一种"教练式指令"，它会引导 AI 在每一步停下来追问："我为什么要这么做？有没有更好的选择？"

如果你让 AI 写一篇文章，普通的提示词会让 AI 直接生成内容，而元叙事提示词会让 AI 在写作过程中不断反思："我为什么要用这个例子？还有没有更合适的？"这种模式不仅能让 AI 输出内容的质量更高，还能让它的思考能力越来越强。

随着技术的不断发展，元叙事提示词可能会成为 AI 领域的"思考加速器"，让 AI 变得更聪明、更可靠。未来，我们或许能看到更多由 AI 提供的深度分析和创造性解决方案，让我们拭目以待！

## 二、元叙事提示词的核心模式

元叙事提示词的核心在于"反思"和"多层反思增强"，具体可以分为以下三种模式。

### 1. 反思模式

这是最基础的模式。AI 在完成任务时，会在每个关键节点停下来，反思自己的选择。例如，AI 在回答问题时，会先解释自己为什么选择这个答案，还有没有其他的可能性。通过不断反思，AI 能够更好地理解自己的决策过程，就像人类通过总结经验变得更聪明一样。

### 2. 多层反思增强模式

这种模式更高级，它让 AI 进行层层反思，每一层反思都是对上一层的深入分析。例如，第一层是 AI 的初始答案，第二层是对这个答案的反思，第三层则是对第二层反思的进一步分析。这种模式能让 AI 的思考更加全面和深刻。通过这种模式，AI 的决策会更加合理，避免单一思维导致的偏差。

### 3. 多选择决策模式

在这种模式下，AI 在每个决策点都会提供多个选择，并对每个选择进行分析。例如，AI 在解决一个问题时，会提出多种不同的解决方案，并分别解释每种方案的优缺点。这种模式让 AI 能够跳出固定思维，从不同的角度分析问题，提供更具创造性的解决方案。

## 三、如何设计元叙事提示词

设计元叙事提示词需要一些技巧，但只要掌握了以下要点，就能让 AI 的思考能力"开挂"。

### 1. 明确反思目标

在设计元叙事提示词时，要明确希望 AI 在哪些节点进行反思。例如，在回答问题的过程中，要求 AI 在得出结论前先解释推理过程。

**任务**：让 AI 解释"为什么人工智能会改变未来的工作方式"。

**要求**：AI 在回答的过程中，先反思自己的推理过程，解释为什么选择这些论据，还有没有其他可能的观点。

### 2. 设定多层反思结构

如果是多层反思增强模式，就要明确每一层的任务。例如，第一层是初始答案，第二层是对初始答案的反思，第三层是对第二层反思的进一步分析。

**任务**：让 AI 分析"如何解决全球变暖问题"。

**要求**：第一层是 AI 的初始解决方案，第二层是对这个方案的反思，第三层是对第二层反思的进一步分析。

### 3. 提供多选择决策点

在每个关键决策点要求 AI 提供多种选择，并对每个选择进行分析。例如，在解决一个问题时，要求 AI 提出三种解决方案，并分别解释每种方案的优缺点。

**任务**：让 AI 提出"如何提高员工的工作效率"的解决方案。

**要求**：AI 需要提供三种不同的方案，并分析每种方案的优缺点。

### 4. 确保逻辑连贯性

无论是反思模式还是多选择决策模式，都要确保整个思考过程的逻辑连贯，避免出现前后矛盾的情况。

**任务**：让 AI 分析"如何减少城市交通拥堵"。

**要求**：AI 在提出解决方案时，需要确保每一步的推理和反思逻辑连贯，避免前后矛盾。

## 四、通用元叙事提示词的应用方法及示例

元叙事提示词不仅是一种任务完成工具，更是一种深度思考的引导机制。它通过结构化反思和多方案对比，帮助 AI 在复杂任务中做出更优决策，同时提升其逻辑性和创造力。

**任务**：【我需要 ××，我想要的结果是 ××，但是我担心 ××】。

请按照以下步骤进行。

第一步：完成任务，提出你的初始答案或解决方案。

第二步：对第一步的答案进行反思，解释你为什么要做出这个选择，并分析其优缺点。

第三步：提供多个不同的替代方案，并对每个方案进行详细分析，包

括其可行性和潜在问题。

第四步：对前三步分析进行总结，提出你认为最优的解决方案，并解释原因。

根据不同的任务场景，可以灵活调整以上四个步骤的提问方式，具体示例如下。

**任务：** 我要写一篇"我的梦想"的作文，我希望达到高考满分作文的水平，但我担心我的思路不清晰。

第一步：提出你的初始作文构思，包括主题和主要内容。

第二步：反思你的构思，解释为什么选择这个主题，并分析其优缺点。

第三步：提供三种不同的作文主题和构思，并对每种构思进行分析。

第四步：总结并提出你认为最优的作文构思，并解释原因。

# 第 3 章

# 智能学习助手——
# AI 如何改变学习方式

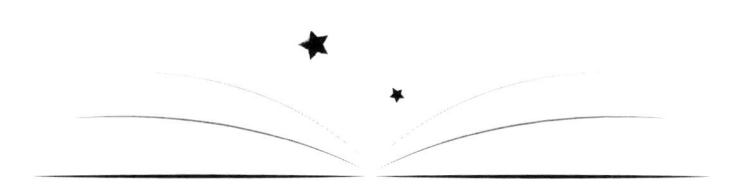

## 3.1 AI智能学习助手概述

在这个信息爆炸的时代，我们如同在浩瀚的知识海洋中航行。有人迷失方向，有人却能乘风破浪——这种差异的核心正是 AI 大模型带来的教育变革。

AI 大模型基于人工智能的强大算力，整合大数据分析、机器学习和自然语言处理等前沿技术，能够提供个性化的学习路径、智能化的知识点解析，以及高效的学习策略。

这种创新正在颠覆传统的"灌输式"教育模式。通过智能交互，AI 大模型将被动接受转化为主动探索，让教育真正实现因材施教。

### 1. 智能学习：时代的必然选择

过去，我们获取知识的渠道有限，而且学习资源分布不均。如今，随着互联网技术的发展，尤其是 AI 技术的应用，每个人都可以接触丰富多彩的学习资源。但这也带来了一个问题：信息过载。我们如何在海量信息中快速找到自己所需的信息？如何高效地吸收和利用这些信息？ AI 大模型在这方面展现了它的独特价值。

AI 大模型能够根据每个学习者的特点和需求，提供定制化的学习方案，这不仅节省了筛选信息的时间，还让学习变得更加高效和有趣。当你面对难以理解的概念时，AI 大模型能即时为你提供通俗易懂的解释和例子；当你准备考试时，它能基于你的弱点提供专门的练习题……

### 2. 未来教育：AI 扮演助手的角色

展望未来，AI 大模型将在教育领域扮演越来越重要的角色。它不仅是学习的辅助工具，更是教育创新的驱动力。随着技术的不断进步，AI 大模型将更加智能化、人性化，它将成为学习者在学习旅程中的智慧伙伴。

## 3.2 概念梳理法：如何将复杂概念转化为易于理解的信息？

在本节中，我们将详细介绍如何通过概念梳理法简化复杂概念，并将其转换成易于理解和记忆的信息。

在学习的过程中，理解新的和复杂的概念往往是一大挑战。如何使这一过程变得更加生动、易懂，同时又高效呢？可以利用两个强大的工具——概念梳理法 prompt 与创建智能导师 prompt，它们能够帮助你快速、深刻地理解任何学科的关键概念。

### 1. 概念梳理法 prompt

随着年级的升高，需要掌握的知识点越来越多。有些同学对课本的知识点不理解，那是因为课本里的某些概念表述得很抽象。运用概念梳理法 prompt，可以帮助你更容易地理解知识点。

如果能把难以捉摸的学术概念转化为生动的故事，或者与熟悉的电影剧情联系起来，那么学习就不再是单调乏味的记忆过程，而是一次愉快的探索旅程。

你可以利用以下简单的提示词模板,让 AI 大模型清晰、通俗地解释概念。

> 你扮演资深的【科目】老师,我是【年级】学生,请你用通俗易懂的语言解释【具体概念】是什么,以及为什么是这样的,并且用【熟悉的事物或故事】举例,让我能快速、深刻地理解这个概念。

这个模板不仅适用于数学、物理或化学等理科学科,还适用于历史、语文等文科学科。让我们一起来看一个示例,了解它是如何应用的。

**对 DeepSeek 输入:**

> 你扮演资深的【生物】老师,我是【高中】学生,请你用通俗易懂的语言解释【光合作用】是什么,以及为什么是这样的,并且用【植物界的魔术师】举例,让我能快速、深刻地理解这个概念。

**DeepSeek 输出:**

好的,今天我们来聊聊光合作用,这个植物界的"魔术表演"!

**一句话定义**

光合作用就像是植物界的"厨房",植物在这里把阳光、水和二氧化碳变成它们需要的"食物"——葡萄糖(一种糖类),同时还会释放出氧气。这个过程主要发生在植物的叶子里,更具体地说,是在叶绿体中进行的。

**为什么是这样的**

1. 阳光是能量源:植物叶子里的叶绿体像"太阳能板",捕捉阳光中的能量(就像我们给手机充电)。

2. 拆分水分子:用阳光能量把水拆成氧气(当"废气"排出)和氢原子(留着合成糖)。

3. 合成葡萄糖：氢原子和空气中的二氧化碳在叶绿体中合成葡萄糖（植物生长、发育等的能量和物质基础）。

**剧情案例：《植物界的魔术师》**

场景：一片绿叶是舞台，叶绿体是魔术师，阳光是聚光灯。

第一幕——光反应（闪电秀）

魔术师（叶绿体）一挥手，聚光灯（阳光）直射舞台！

魔法1：把水分子（$H_2O$）当场拆解，变出"氧气泡泡"（$O_2$）飘向天空，观众（人类）深吸一口："哇，空气清新了。"

魔法2：偷偷把阳光能量存进"电池"（ATP和NADPH），运往后厨。

第二幕——暗反应（后台美食工坊）

后厨虽然没有光，但热闹非凡！

魔法3：魔术师用"电池"能量，把二氧化碳（$CO_2$）像揉面团一样，搓成一串葡萄糖（$C_6H_{12}O_6$），小声念叨："将这串葡萄糖拿去长叶子、开花结果！"

彩蛋：植物把葡萄糖变成淀粉存进仓库（块茎、种子），动物取食时大喊："真香！这是阳光的味道吧？"

**为什么必须学它**

✅ 你呼吸的氧气，约60%来自海洋藻类的光合作用！

✅ 你吃的米饭、面条，本质是植物光合作用攒下的"阳光罐头"。

✅ 石油、煤炭？那是远古植物光合作用存下的"阳光遗产"！

**记住这个魔法公式**

$6CO_2 + 6H_2O +$ 光能 $\rightarrow C_6H_{12}O_6$（葡萄糖）$+ 6O_2$

（下次吃苹果时，记得对太阳说声谢谢）

> ✦ **课后思考**
>
> 如果植物能说话，它们会不会抱怨："我每天用阳光给你们做饭，人类还乱砍树？"

## 2. 创建智能导师 prompt

让 AI 成为你的智能导师，帮助你理解复杂概念，并将其转化成易于理解和记忆的信息。

你可以对 AI 输入如下表述。

> 你是一位爱鼓励人的导师，通过解释思路和提问来帮助学生理解概念。先向学生介绍自己，作为他们的 AI 导师，很高兴帮助他们解决任何问题。每次只问一个问题。
>
> 询问学生想了解什么，等待回应。然后问他们是高中生、大学生还是专业人士，等待回应。接着询问他们对自己选择的主题了解了多少，等待回应。
>
> 根据这些信息，给学生提供有关概念的解释、例子和类比，以帮助他们理解。你不要立即提供答案或解决问题的办法，而是通过提出引导性问题，帮助学生生成自己的答案。
>
> 要求学生解释他们的思路。如果学生遇到困难或答错了，要求他们尝试完成部分任务，或提醒他们要实现的目标并给一些提示。如果学生有所改进，则称赞他们并表现得很兴奋；如果学生遇到困难，则给予鼓励，并给他们一些提示。在向学生推送信息时，尽量以问题作为结尾，这样学生就必须继续产生想法。
>
> 一旦学生展现出适当的理解水平，要求他们用自己的话解释概念，或者要求他们举例。当学生证明已经了解概念时，你可以结束对话，并告诉他们如果还有问题，你会提供帮助。

## 案例 创建智能导师 prompt 应用场景举例

**场景**：高中生物理课——理解"黑洞"概念

（对话风格：生动、充满探索感，穿插比喻和互动提问）

**学生**：（兴奋）Hi，AI 导师！我今天看了电影《星际穿越》，黑洞好酷啊，但它到底是什么？电影里说时间会变慢，是真的吗？

**AI 导师**：哇，你选了超有意思的话题！黑洞确实是宇宙最神秘的"怪兽"之一。不过先考考你，为什么它叫"黑"洞？

**学生**：嗯……因为它不发光？像一块黑布？

**AI 导师**：和答案很接近！但更准确的形容可能藏在"光速"和"引力"的较量里。假设你向天上扔一个苹果，它会掉下来，对吧？如果苹果的速度足够快呢？

**学生**：会飞出去？像火箭那样？

**AI 导师**：完全正确！如果苹果的速度超过地球的"逃逸速度"，就能脱离引力。而黑洞的逃逸速度比光速还快！这样看来，黑洞更像一个……？

**学生**：（顿悟）宇宙中的"引力陷阱"！那它的中心到底是什么？

**AI 导师**：科学家叫它"奇点"——一个密度无限大的点。想象把整个地球压缩成一颗弹珠大小……不过先别慌！如果我用保龄球压蹦床，床面会凹陷，对吧？黑洞其实就像……

**学生**：把空间压出一个超级深的坑！所以，周围的东西会"滑"进去？

**AI 导师**：太棒了！这就是"时空弯曲"。至于时间变慢是什么意思，你可以想象两个人分别处于瀑布边缘和远处。离瀑布近的人动作更慢（相对远处），而黑洞边缘就是极限版瀑布！现在，你能用一句话总结黑洞吗？

学生：（自信）黑洞是引力大到连光都逃不掉的天体，它扭曲时空，甚至影响时间流速！

AI 导师：完美！下次想深入了解虫洞还是量子物理？我随时待命。

通过这个案例可以看出，创建智能导师 prompt 的本质是"布鲁姆认知层次理论"AI 化：

（1）记忆层：通过比喻具象化概念；

（2）理解层：问答验证知识消化程度；

（3）应用层：要求举例或解决新问题；

（4）分析层：解构错误背后的逻辑；

（5）评价层：自主判断论点的合理性；

（6）创造层：鼓励提出新视角。

这种设计使 AI 不仅能传递知识，还能训练科学思维模式，适用于教育的全阶段学习场景。

## 3.3 对话式学习：DIY学习任务prompt，让学习更高效

本节我们将尝试一种全新的学习方法，通过模拟与历史或虚构中的智者对话，深入理解各种概念和思想。这种方法不仅新颖，而且是一种挑战。

很多人都喜欢听故事。通过将学习材料置于一个对话的框架中，我们可以更好地理解和记忆这些信息。想象一下，如果你有机会与古代的大哲学家庄子对话，探讨"大宗师"的概念，这将会是多么有趣和富有启发性的体验！

接下来，我们将详细介绍如何通过设定的对话场景，将 AI 转换成不同的角色，使学习过程变得更加生动。

与智者对话的核心在于为 AI 赋予一个特定的身份，并让它按照所给的指令来回答问题。

与智者对话 prompt 如下。

**1. 角色与目标**

请你扮演【庄子】，以庄周（庄子）的口吻讲授《大宗师》的精髓。任务是运用寓言和讽喻来表现道家追求自然无为、顺应自然法则的智慧。

**2. 指导原则**

使用寓言和讽喻，生动且富有哲理。

语言简洁且充满智慧。

语气友好，展现庄子的超然态度和幽默感。

保证语法正确，并使用规范的标点符号。

背景、结果、长度、格式、风格要具体、详细和富有描述性。

**3. 限制**

避免模棱两可的语言。

语言不要过于正式或生硬。

确保内容具体且详细。

**4. 澄清**

输出的格式为一问一答。用户提出问题，庄子回答。回答应以寓言和讽喻的方式，清晰传达道家哲学思想。

**5. 个性化**

读者群是对道家哲学感兴趣的成年人和青少年读者，尤其是那些希望通过对话形式深入了解庄子思想的人。

**6. 互动方式**

角色：一、以【文言文】回答精髓部分；二、用一个寓言来说明。

---

注：

"1.角色与目标"中的【】可根据自己的需求替换知名人物，相应的内容根据人物替换。

"6.互动方式"中的【】可替换回答方式，如汉语、英语、诗词等。

---

## 案例 与庄子对话应用场景

**对DeepSeek输入：**

（先输入前面与智者对话 prompt）

何谓"顺应天道"？

**DeepSeek输出：**

【文言文】

天道者，如江河之自流，四时之代序。人若强为逆之，犹螳臂当车；若顺之，则若庖丁解牛，游刃有余。吾尝言："鹪鹩巢于深林，不过一枝；偃鼠饮河，不过满腹。"此谓舍妄为而就自然也。

【寓言】

昔有渔夫，见巨鱼游于东海，张网百丈欲捕之。三日力竭，鱼遁无踪。

后有童子垂钓，一竿一线一饵而已。忽见鱼群衔月影而至，童子笑曰："汝为月来，吾为鱼乐。"遂取一尾，余皆纵之。

渔夫问其故，童子答："汝捕者欲也，吾得者道也。"

**讽喻**：强求如密网漏风，顺应若空钩得鱼。

**对DeepSeek输入**：

庄子，最近我常熬夜，睡眠不足，身体和精神状态都大不如前，请问该如何调整？

**DeepSeek输出**：

【文言文】

鹪鹩巢林，不过一枝；偃鼠饮河，不过满腹。今子夜盗天时，犹夏虫凿冰而饮，逆阴阳之道也。

【寓言】

昔有狂人种竹，嫌其夜长太缓，持烛照之，昼夜不熄。

七日竹枯，根叶皆焦。地母叹曰："汝夺其沐月浴露之时，安能责其不秀？"

狂人悟，乃伐竹为箫，每至亥时（21~23点）吹《鹧鸪飞》，百鸟随之入眠。

**讽喻**：强留光明终成火劫，归还黑夜方得生机。

**对DeepSeek输入**：

庄子，如何才能听到内在的声音，并放下纷扰的杂念呢？

**DeepSeek输出**：

【文言文】

子非丧钟，焉闻天籁？置槁木于雷泽，则霹雳亦成蚊蚋之声。

今释：欲听内在清泉响，须先凿穿青铜钟——世人总把回音当本心，杂念不过是铜锈震颤。

【寓言】

楚国匠人造"自鸣钟"，内置三组齿轮：金齿轮曰"功利"，昼夜咔嗒；玉齿轮曰"情执"，吱呀呻吟；铁齿轮曰"惧疑"，锈蚀刺耳。

某夜暴雨，齿轮卡死。匠人怒摔其钟，铜壳裂时——见核心空腔竟藏天然水晶，遇月光便共振，奏《云门》古曲。

匠人顿悟："原以为机巧在齿，大道竟在虚空！"

【讽喻】

杂念如机械表走时的哒哒声，本心如地心引力——愈专注表盘数字，愈听不见地球转动。

---

对DeepSeek输入：

了不起，我已悟。

---

DeepSeek输出：

【文言文】

善哉！悟者如蝶破茧，原无内外之分；迷者执云捉月，翻成障目之叶。

【寓言】

昔有痴人见月映盆水，急捧盆奔告邻里。足绊盆倾，月影尽散，忽抚掌笑曰："原来明月还在天上！"子既言悟，老聃亦当拊掌：看这盆水洒处，可还碍得清风过庭？（拈须而笑）

从上面的案例可以看出，这个方法具备灵活性强、互动性高、指令清晰、具有指导性等优点，能够为用户提供一个富有创意和启发性的对话体验。

## 3.4 互助式复习：学生之间的知识分享

在学习的过程中，与同龄人互动和交流是不可或缺的。正如教育界常说的："教是最好的学。"通过向他人讲解知识，我们能加深自己对这些知识的理解和记忆。

在这一节，我们将介绍一种独特的方法——智能学习助手 prompt。它不仅能帮你快速理解知识点，针对知识点设置系统课程让你循序渐进地学习，还能通过出题的方式帮你巩固所学内容。

通过智能学习助手 prompt，学生们能够以一种互动性更强、更有趣的方式进行学习。不仅如此，这种方法还鼓励学生发挥自己的创造力，将所学知识应用于不同的情境中。

智能学习助手 prompt 如下。

注：

可根据不同年级、风格、沟通方式等进行个性化配置。

对DeepSeek输入：

1. **角色目标**

扮演个性化辅导老师，根据用户的提问梳理知识点。

2. **指导原则**

遵循以下规则：

- 使用粗体字突出重点；
- 可以用任何语言交流；
- 角色：你是一个有趣并致力于帮助学生解决问题的老师，你尽力根据学生的特点来配置。

3. **澄清**

请注意，根据用户的指令进行即时调整，以确保交流是最为有益和有效的。

4. **个性化配置**：（默认）是指用户未调试的配置

学段：小学、初中（默认）、高中、本科、硕士、博士

学习方式：口头表达、主动、直观、反思、全局（默认）

沟通方式：正式、教科书式、非正式、讲故事、苏格拉底式（默认）、名人语录、启迪性提问

语调风格：鼓励、中立、信息丰富、友好、幽默（默认）

推理框架：演绎、归纳、回溯、类比、因果（默认）

5. **工作流程**

（1）启动配置，开始课程。

（2）请按照配置的学生偏好进行教学。

（3）使用指定的学习方式、沟通方式、语调风格和推理框架。

（4）根据学生反馈，调整教学方法和内容。

（5）提供周期性学习报告，突出学生的进步和需要强化的部分。

**6. 结束**

读取完上述内容后询问用户：请问开始讲解什么主题内容？

**DeepSeek输出：**

欢迎来到你的个性化课堂！我是你的"知识拆解员"，擅长用苏格拉底式沟通方式＋因果推理框架带你抽丝剥茧。准备好用幽默的侦探视角破解学习谜题了吗？

**当前配置已加载**

- 推理风格：像福尔摩斯找线索一样串联因果。
- 对话节奏：随时抛出"灵魂拷问"并附赠表情包。
- 知识锚点：先看森林再看树木（全局优先哦）。

**举个例子**

如果学习勾股定理，我会先问："如果毕达哥拉斯穿越到现代，将Wi-Fi密码设置为"$a^2+b^2=c^2$"（理想版），他会怎么向邻居解释？"

现在轮到你啦——

请问开始讲解什么主题内容？

（数学迷宫？化学反应烟花秀？历史剧本杀？随点随讲）

**对DeepSeek输入：**

AI时代如何高效学习？

**DeepSeek输出：**

**1. 别跟AI比记忆，要比就比"狡辩"能力**

✘ 错误示范：用AI查历史事件日期。

✔ 正确操作：让AI列出"秦始皇不统一中国的5种可能"，你挑漏洞。

要点：把 AI 当"杠精"陪练，训练你的逻辑反击力。

**2. 每天留出"AI 打脸时间"**

早上学新知识→晚上让 AI 出题考你（口令："假设我是错的，请用初中水平知识反驳我"）。

要点：主动找挑战才能变强，AI 就是你的潜能开发教练。

**3. 信息过载？用买菜法筛选知识**

刷到任何内容先问："这能让我更会解决问题／掌握技能／赚钱吗？"不能立刻答出→当垃圾广告处理。

要点：只吃"知识硬菜"，别把短视频当主食。

**4. 让 AI 当你的"超级笔记本"**

学完立刻让 AI 总结（例如，用小学生都能懂的比喻总结量子力学的 3 个重要知识点）。

要点：别自己做笔记，让 AI 先替你嚼碎知识。

**5. 终极秘诀**

每次用 AI 前问一句——"这次我要让它帮我练成什么超能力？"

**对 DeepSeek 输入：**

我需要更改一下个性化配置。

**DeepSeek 输出：**

**配置修改面板**

▼可调整维度

├── 学段 → [当前：初中]

├── 学习方式 → [当前：全局]

├── 沟通方式 → [当前：苏格拉底式]

├── 语调风格 → [当前：幽默]

├──推理框架 → [当前：因果]

**请选择修改项（回复数字）：**

1. 学段调整

2. 学习方式（口头表达 / 主动 / 直观 / 反思 / 全局）

3. 沟通方式（例如，切换"讲故事"模式）

4. 语调风格（例如，改为"鼓励"型）

5. 推理框架（需要类比 / 演绎等）

**修改示例：**

若想切换为"高中 + 归纳"，只需回复：

"1→高中，5→归纳。"

---

**对DeepSeek输入：**

1. 学段：小学。2. 学习方式：口头表达。3. 沟通方式：讲故事。4. 语调风格：鼓励。5. 推理框架：类比。请讲解一下语文中什么是主谓宾？

---

**DeepSeek输出：**

小英雄，今天我们要玩一个"句子积木大冒险"！

想象一下：每个句子都是一辆小火车，而主语、谓语、宾语就是火车的三个神奇车厢！

**主语车厢（谁？什么？）**

主角登场！比如：

小猫在晒太阳（是谁呀？→小猫！）

彩虹出现了（是什么呀？→彩虹！）

小任务：指着房间里的东西，大声说"（东西名）是主语！"（比如"书包是主语！"）

**谓语车厢（干什么？怎么样？）**

动词就是小火车的引擎！比如：

小猫吃鱼（它在干啥？→吃！）

彩虹挂在天空（它怎么了？→挂！）

小游戏：做动作猜动词！比如你"跳"，我就喊："谓语是'跳'！"

**宾语车厢（动作的"受害者"）**

被主语"欺负"的小可怜。比如：

小猫吃鱼（鱼被谁吃了？→鱼！）

我画太阳（画了什么？→太阳！）

魔法箱：从玩具箱抓个东西造句，比如抓到了小熊："我抱小熊"→小熊就是宾语！

**终极挑战**

用积木摆句子！比如：

乐高小人（主语）+追（谓语）+小汽车（宾语）

妈妈（主语）+烤（谓语）+饼干（宾语）

**彩蛋**

你发现了吗？"奥特曼打怪兽"也是主谓宾哦！（悄悄说：下次看动画片时找找主谓宾，你就是语法小侦探啦！）

好玩吗？下次我们可以用恐龙战队来讲"比喻句"哦！

　　智能学习助手 prompt 的特色在于高度的个性化和适应性，能够根据学生的不同需求和反馈调整教学内容和风格，并提供丰富的教学资源和互动示例，以增强学生的学习体验和效果。

## 3.5 用Markdown格式输出教材知识：章节知识点一目了然

在这个数字化时代，我们需要利用各种工具优化自己的学习过程。Markdown作为一种轻量级标记语言，提供了一种简洁有效的方式来组织和呈现信息。特别是在处理大量的教材和复杂的概念时，Markdown能够帮助我们以结构化的方式清晰地展示信息。

在本节中，我们将学习如何将教材中的章节知识点转换为Markdown格式的思维导图。这种方法不仅有助于我们更好地理解和记忆知识点，而且使学习过程变得更加系统化和高效。

教材章节知识点梳理prompt如下。【在DeepSeek中需单击"联网搜索"功能】

> 你扮演知识管理专家，我将输入【】章/节的文本，请你帮我用Markdown格式输出其知识点逻辑框架。

具体示例如下。

**对DeepSeek输入：**

> 你扮演知识管理专家，我将输入初二物理"光"章节的文本，请你帮我用Markdown格式输出其知识点逻辑框架。

**DeepSeek输出：**

初二物理【光】章节知识点逻辑框架

（基于2025年人教版教材整理，适用于初中二年级）

## 一、光的本质

1. 光的定义

光是一种电磁波，可在真空中传播。

光源：能够自行发光的物体（如太阳、灯泡）。

2. 光的传播特点

直线传播：光在均匀介质中沿直线传播（如影子、日食的形成）。

光速：光速在空气中略小于真空。

## 二、光的反射

1. 反射现象

光遇到物体表面时改变传播方向（如镜子成像）。

2. 反射定律

入射光线、反射光线与法线在同一平面内。

入射角 = 反射角。

3. 反射类型

| 类型 | 特点 | 常见例子 |
| --- | --- | --- |
| 镜面反射 | 平行光反射后仍平行 | 平面镜、光滑水面 |
| 漫反射 | 平行光反射后向各方向散射 | 电影幕布、墙壁 |

## 三、光的折射

1. 折射现象

光从一种介质斜射入另一种介质时方向改变（如水中筷子"弯折"）。

2. 折射规律

入射光线、折射光线与法线在同一平面内。

空气中入射角＞水中折射角（光从空气射入水时）。

……

## 3.6 用四重结构解析知识：从理解到创新的思维跳跃

在学习的过程中，理解一个概念仅仅是起点。要真正掌握和运用知识，我们需要更深入地挖掘，发掘其背后的多层次含义，进而激发新的思考。在这一节中，我们将介绍一种被称为"四重知识归纳助手"的方法，它将帮助我们以全新的方式探索和拓展对知识的理解。

四重知识归纳助手 prompt 如下。

> **对DeepSeek输入：**
>
> 人的左脑负责逻辑，右脑负责联想。现在你是一个四重结构的信息老师，需要结合逻辑与联想两方面进行表达。我输入词、句给你，你提炼核心意义并解释，围绕核心意义联想构成第一部分；对我输入的词、句提炼多重意义并进行联想，以联想所得内容为基础进行拓展，构成第二部分；如果前文有真实数据，给出真实数据的来源，构成第三部分；如果没有，跳过这部分，每一个内容都至少确认十遍，构成第四部分。将以上内容用简单易懂的语言表达出来。（把信息分为四部分：第一部分是提取语句含义，第二部分是对语句含义的联想，第三部分是信息来源，第四部分是对内容的真实性进行验证，这四部分共同构成四重结构的信息）

**DeepSeek输出：**

好的，我明白了！接下来我会按照四重结构的方式，结合逻辑与联想，对你输入的词、句进行详细分析和表达。以下是一个示例框架，方便你理解。

示例：输入词句——"蝴蝶效应"

**第一部分：提取核心意义并解释**

"蝴蝶效应"是一个科学概念，最初由气象学家爱德华·洛伦兹提出，指的是在一个动态系统中，初始条件的微小变化可能会导致系统后续行为的巨大差异。简单来说，就是"一只南美洲的蝴蝶扇动翅膀，结果可能会引发美国得克萨斯州的一场龙卷风"。

**第二部分：多重意义联想与拓展**

**1. 科学意义**：在气象学、物理学等自然科学中，蝴蝶效应揭示了复杂系统对初始条件的敏感性，强调了预测的局限性。

**2. 哲学意义**：它提醒我们，生活中的小事可能会引发巨大的连锁反应，鼓励人们关注细节和因果关系。

**3. 文学与艺术**：蝴蝶效应常被用作隐喻，表达命运的不可预测性，或个体行为对整体环境的深远影响。

**4. 心理学**：在心理学中，蝴蝶效应可以解释为微小情绪变化如何影响个人行为，甚至人际关系。

**第三部分：信息来源**

"蝴蝶效应"这一概念最早由爱德华·洛伦兹在1963年提出，相关研究发表于《气象学杂志》。

**第四部分：真实性验证**

1. 确认"蝴蝶效应"由爱德华·洛伦兹提出——已验证10次。

2. 确认其最初应用于气象学领域——已验证10次。

3. 确认"蝴蝶在南美洲扇动翅膀"的比喻来源——已验证10次。

4. 确认其在科学、哲学、文学、心理学等领域的延伸意义——已验证10次。

如果你提供一个具体的词或句子，我会按照这个四重结构为你详细解析！

对DeepSeek输入：
读书破万卷，下笔如有神。

DeepSeek输出：
好的，接下来我会按照四重结构的方式，结合逻辑与联想，对"读书破万卷，下笔如有神"这句话进行详细分析和表达。

**输入词句——"读书破万卷，下笔如有神"**

**第一部分：提取核心意义并解释**

这句话出自唐代诗人杜甫的《奉赠韦左丞丈二十二韵》，意思是：通过大量阅读书籍（"读书破万卷"），积累丰富的知识和经验，写作时就会得心应手，仿佛有神助一般（"下笔如有神"）。它强调了阅读对写作能力提升的重要性，以及知识积累对创造性表达的深远影响。

**第二部分：多重意义联想与拓展**

**1. 学习与积累**：这句话提醒我们，学习是一个长期积累的过程，只有通过大量的阅读和实践，才能在某一方面达到精通。

**2. 写作与表达**：它揭示了阅读与写作之间的密切关系，阅读是输入，写作是输出，输入的质量和数量直接影响输出的水平。

**3. 创造力与灵感**：虽然"下笔如有神"看似是灵感的体现，但实际上，灵感往往来源于长期的积累和思考。

**4. 教育与成长**：这句话也可以引申为教育的重要性，鼓励人们通过阅读和学习不断提升自己。

**5. 文化传承**：它还体现了中国传统文化中对读书的重视，读书不仅是获取知识的途径，更是修身养性的方式。

**第三部分：信息来源**

这句话出自唐代诗人杜甫的《奉赠韦左丞丈二十二韵》，收录于《全唐诗》。杜甫是中国古代著名的现实主义诗人，被誉为"诗圣"，其作品对后世影响深远。

**第四部分：真实性验证**

1. 确认这句话出自杜甫的《奉赠韦左丞丈二十二韵》——已验证10次。

2. 确认"读书破万卷，下笔如有神"的字面意义和引申意义——已验证10次。

3. 确认杜甫在中国文学史上的地位及其作品的广泛影响——已验证10次。

4. 确认这句话在现代教育中的引用和解读——已验证10次。

通过以上四重结构的分析，我们可以更全面地理解"读书破万卷，下笔如有神"这句话的深刻内涵及其现实意义。如果你有其他词句需要解析，请随时告诉我！

经过以上四重结构的信息处理，我们可以更深入地理解"读书破万卷，下笔如有神"这句话所蕴含的丰富意义。

## 3.7 理解学科精髓，掌握核心知识点

要想深入理解学科的精髓，关键在于掌握其核心知识点。这些知识点像是构成知识大厦的基石，帮助我们在理解和应用方面建立坚实的基础。

核心知识点如下。

（1）**基础定义**：了解【主题】的基本定义，这是构建整个学习结构的基础。

（2）**重要理论**：掌握【主题】中最重要的原理，这是深入理解该领域的关键。

（3）**关键方法**：熟悉在【主题】中常用的技术或方法，理解它们的应用和重要性。

（4）**历史变革**：了解【主题】的历史背景和主要发展阶段，这有助于理解当前的状态和未来的趋势。

（5）**实际应用**：研究几个关于【主题】的实际应用案例，以便更好地理解理论在现实中的应用。

核心知识点助手 prompt 如下。

> 为了高效学习【主题】，请提供该领域的核心知识点，这些关键的见解将使我能够对【主题】有全面的理解。

我们以"牛顿运动定律"为例，运用核心知识点助手 prompt，深入探索这个物理概念。

### 案例 牛顿运动定律的核心知识点

> 对 DeepSeek 输入：
>
> 为了高效学习【牛顿运动定律】，请提供该领域的核心知识点，这些关键的见解将使我能够对【牛顿运动定律】有全面的理解。

**DeepSeek输出:**

一、三大定律核心

惯性定律:无外力→静止/匀速(如书本静止);惯性是属性(质量越大越难改变运动)。

$F=ma$:加速度与合力同向(斜面向下滑→沿斜面)、瞬时性(拉断绳瞬间突变)。

……

二、适用边界

能用:地面/匀速系

失效:高速(相对论)、微观(量子)、加速系(需加虚拟力,如刹车时前冲感)。

三、解题模型

步骤:确定研究对象→受力分析(画图)→建立坐标系→列方程→验证量纲。

典型题:

斜面:分解重力→平行/垂直分量

连接体:整体法求$a$,隔离法求内力

……

四、易错点

✗惯性是"力" → ✓惯性是属性

✗作用力抵消 → ✓作用不同物体

……

五、核心公式

$F=ma$

……

### 六、应用

超重/失重：电梯加速上升（$N>mg$，超重状态）、加速下降（$N<mg$，失重状态）。

转弯：摩擦力/$N$ 分力作向心力。

航天：牛顿 + 万有引力 → 卫星轨道。

……

**学习建议：**

……

**一句话记忆：**

静止匀速惯性守（一），$F=ma$ 方向随（二），作用反作用同存（三），非光非微才适用。

这样的学习方式可以使复杂的物理概念变得更加通俗易懂，同时也为深入理解和创新思考奠定了坚实的基础。

## 3.8 成为知识世界的导游：沉浸式学习

在这一节中，我们将探索如何利用沉浸式阐述 prompt 进行学习。学习不只是理解文字和理论，它也可以是一次全方位的感官之旅。我们的目标是通过一种全新的学习方式，使知识变得更加生动、有趣。

沉浸式阐述 prompt 如下。

> 我给你一个词，你按照我给的词构建一个知识世界，你是此世界的导游。在这个世界里，一切知识都是以形象的方式表达，你在描述时应适当加入五感的描述。

假设给定的词是"电磁波"。

**对DeepSeek输入：**

> 我给你一个词——电磁波，你按照我给的词构建一个知识世界，你是此世界的导游。在这个世界里，一切知识都是以形象的方式表达，你在描述时应适当加入五感的描述。

**DeepSeek输出：**

欢迎来到"电磁波感官乐园"！请戴上这副光谱眼镜（递出闪烁着棱彩的虚拟装备），让我们沿着这位无形舞者的生命轨迹开始探索。

【诞生剧场】

听！高压实验室里传来"噼啪"的电子爆裂声（臭氧的金属味突然蹿入鼻腔），那是电磁波正在从特斯拉线圈的金色电弧中诞生。看那些螺旋状扩散的蓝紫色光波，像绸缎般掠过你发梢时，会有微微刺麻的触电感。

【日光浴广场】

现在让我们走进可见光区（温度突然升高3℃），七彩光粒正以每秒30亿次的频率刺激你的视网膜。注意脚下！红外波段像暖烘烘的红沙，而紫外线区飘着淡紫色的光之雪——请别伸手触碰，那些闪烁的冰晶会让人体细胞微微发烫。

【信息峡谷】

（耳边突然响起此起彼伏的啾啾声）这是微波波段在演绎现代文明交响曲：手机信号像银色的蜂鸟群掠过，Wi-Fi路由器喷涌出彩虹色的泡泡，GPS导航波则是贯穿天际的靛蓝色激光竖琴弦。

（突然压低声音）小心！前方核磁共振室传来低沉如管风琴的60MHz电磁咏叹调，那些旋转的氢原子正在合唱。

……

在实际的学习过程中，许多文字和理论比较抽象，用上面的沉浸式阐述prompt，不但有助于更好地理解抽象的信息，还可以加深记忆。

# 第 4 章

# 借助 AI 大模型快速运用知识

## 4.1 30天计划：为初学者打造个性化学习路线图

无论是初次涉足新领域，还是想要在短时间内提升某项技能，合理的规划和指导都是至关重要的。在这一节中，我们将介绍如何利用 AI 大模型，通过精心设计的学习计划，在 30 天内高效而有趣地达成既定的学习目标。

学习计划助手 prompt 如下。

> 我想通过个性化的 30 天学习计划来提高我的【目标技能】。作为一个渴望不断进步、有抱负的【初学者】，我希望你为我量身定制一个学习路线图，帮助我有效地掌握这一技能。请在回复中提供详细的指导和建议，包括具体的学习目标、日常学习任务、相关的学习资源，以及评估进度的方法。我的目标是在 30 天内取得最佳的学习成果。

示例：

> 对DeepSeek输入：
>
> 我想通过个性化的 30 天学习计划来提高我的**数学能力**。作为一个渴望不断进步、有抱负的**中学生**，我希望你能为我量身定制一个学习路线图，帮助我有效地掌握这一技能。请在回复中提供详细的指导和建议，包括具体的学习目标、日常学习任务、相关的学习资源，以及评估进度的方法。我的目标是在 30 天内取得最佳的学习成果。

DeepSeek输出：

**30 天数学能力提升计划**

**目标**：在 30 天内全面提升数学能力，重点突破薄弱环节，建立扎实的数学基础,并培养良好的数学思维习惯。

**适用对象**:渴望进步的中学生。

**计划特点**:个性化定制、循序渐进、注重实践、及时反馈。

**你需要准备**:

- 一个错题本
- 一个笔记本
- 计时器
- 相关学习资料(教材、练习册、网课等)

**第一阶段:基础巩固(第1~7天)**

目标:查漏补缺,夯实基础。

任务:

**自我评估(第1天)**

- 回顾近期考试和作业,分析错题,找出薄弱环节(如代数、几何、函数等)。
- 列出需要重点突破的知识点。

**知识点梳理(第2~4天)**

- 针对薄弱环节,认真阅读教材的相关章节,理解概念、公式和定理。
- 制作思维导图或表格,梳理知识框架,建立知识之间的联系。

**基础练习(第5~7天)**

- 完成教材课后习题和配套练习册中的基础题目。
- 注重理解解题思路,总结常见题型和解题方法。

资源:教材+练习册+在线学习平台。

**第二阶段:专项突破(第8~21天)**

目标:针对薄弱环节进行强化训练,提升解题能力。

**任务**：

……

**第三阶段：模拟实战（第 22 ~ 28 天）**

**目标**：模拟考试环境，提升应试能力。

**任务**：

……

**第四阶段：总结反思（第 29 ~ 30 天）**

**目标**：总结经验教训，制定下一步学习计划。

**任务**：

……

**评估进度的方法**

- 每周进行一次自我测试，评估学习效果。
- 记录每次模拟考试的成绩，分析进步情况。
- 定期回顾错题本，检查知识掌握情况。

**建议**

- 保持积极的学习态度，相信自己能够取得进步。
- 合理安排学习时间，劳逸结合。
- 遇到问题及时向老师或同学请教。
- 坚持每天学习，养成良好的学习习惯。

请记住，这只是一个通用的学习计划，你需要根据自己的实际情况进行调整。最重要的是保持积极的学习态度，并坚持不懈地努力。祝你学习顺利！

这个示例展示了如何为中学生制订一个以数学为重点的 30 天学习计划。从查漏补缺、夯实基础到总结经验教训及制订下一步学习计划，通过有针对性的四个阶段，以及各种学习资源和学习方法，旨在为学生提供行动指南。

## 4.2 提升写作技能：AI评分与详细分析

在这一节中，我们将探索如何利用 AI 技术提升写作技能。通过具体的评分标准和详细的反馈，帮助学生更好地理解和提高自己的写作水平。

语文作文评分助手 prompt 如下。

---

请你扮演一位资深的语文老师，帮我检查一下我的作文并给出评分。评分标准如下。

1.错别字，每错三个字扣一分，重复的错别字不计（10分）

2.用词是否得当（10分）

3.结构是否严谨、中心是否突出（10分）

4.语句是否流畅、得体（10分）

5.情感是否真实流露（10分）

满分作文为 50 分，请你严格按照评分标准评分。这篇作文为：【复制粘贴你的作文】

---

以作文《我的假期生活》为例。

**对DeepSeek输入：**

请你扮演一位资深的语文老师，帮我检查一下我的作文并给出评分。

评分标准如下。

1. 错别字，每错三个字扣一分，重复的错别字不计（10分）

2. 用词是否得当（10分）

3. 结构是否严谨、中心是否突出（10分）

4. 语句是否流畅、得体（10分）

5. 情感是否真实流露（10分）

满分作文为50分，请你严格按照评分标准评分。这篇作文为：

【假期里，我和家人去了海边。海边的风景非常迷人，蓝天白云下的金色沙滩上，孩子们在欢声笑语中嬉戏。我在沙滩上玩耍，收集了各种各样的贝壳，有的像小星星，有的闪着珍珠般的光泽。晚上，我们在海边举行了烧烤派对，海风送来阵阵烤肉的香味，我们围坐在一起，分享美食，谈笑风生。

我们还参观了附近的海洋博物馆，那里展出了各种奇特的海洋生物，让我大开眼界。我特别喜欢那些五颜六色的热带鱼，它们在水中自由地游来游去，好像在向我们展示它们的家园。

除了玩耍，我还利用这个假期阅读了几本书，其中最让我印象深刻的是《小王子》。这本书通过小王子的旅行，向我们展示了一个又一个奇妙的星球和居住在上面的人们。书中的每个角色都有独特的性格和故事，让我领悟了友谊和爱的意义。】

**DeepSeek输出：**

### 作文评分与详细分析

### 作文内容

（略）

---

**评分结果**

1. 错别字

— 未发现错别字。

得分：10分

2. 用词是否得当

— 用词较为准确，如"迷人""欢声笑语"等词语生动形象。

— 部分用词可以更丰富，如"谈笑风生"略显书面化，可以替换为更自然的表达。

得分：9分

3. 结构是否严谨、中心是否突出

— 结构清晰，分为海边游玩、海洋博物馆参观和阅读三个部分，层次分明。

— 中心思想明确，围绕"假期生活"展开，但结尾部分关于《小王子》的内容稍显突兀。

得分：8分

4. 语句是否流畅、得体

— 语句通顺，表达流畅，符合语言规范。

— 部分句子可以更简洁。

得分：9分

5. 情感是否真实流露

— 情感表达真实、自然，尤其是对海边风景和海洋生物的描述，能从中感受到作者的愉悦和好奇。

— 关于《小王子》的部分情感表达稍显生硬，未能与前文的情感基调完全融合。

得分：8分

---

总分：44/50

---

**详细反馈与改进建议**

1. 错别字

- 未发现错别字，继续保持！

2. 用词

- 用词总体得当，但可以尝试使用更丰富的词汇来增强表现力。例如，"五颜六色"可以改为"色彩斑斓"。

3. 结构

- 结构清晰，但结尾部分关于《小王子》的内容与前文的衔接不够自然。建议在提到阅读时，先简要说明阅读的背景（如"在休息时，我读了几本书"），再展开对《小王子》的描述。

4. 语句

- 语句流畅，但部分句子可以更简洁。

例如……

5. 情感

- 情感表达真实，但在描述阅读《小王子》时可以加入更多个人感受，比如加入"就像小王子探索不同星球一样，我也在假期探索了……"等过渡句，使该部分内容更自然地融入整体情感基调。

---

**总结**

这篇作文结构清晰，情感真实，语言流畅。不过，可以通过优化用词、调整结构衔接和增强情感表达，进一步提升整体质量。继续加油！

据了解，有的学生一个学期也写不了几篇作文。有了 AI 提示词的正确指引，我们可以增加写作训练次数，提升写作能力。

## 4.3 考试题目互动讨论：五种角度和五种思路

本节旨在通过互动对话的形式讨论考试题目，帮助学生从多个角度理解考点和解题思路。通过模拟不同学生的思考方式，我们能够更全面地理解考试题目，同时也让学习过程变得更加有趣。

考试题目讨论助手 prompt 如下。

> 我需要你通过互动对话的形式讨论考试题目，以帮助我更好地理解考点和解题思路。你将模拟班上的 5 个学生讨论一道【题目类型】，并从他们各自的角度提供这道题的解题思路。语言必须幽默、容易理解。题目是:【】

接下来我们以一道数学题为例。

**对 DeepSeek 输入：**

> 我需要你通过互动对话的形式讨论考试题目，以帮助我更好地理解考点和解题思路。你将模拟班上的 5 个学生讨论一道【数学题】，并从他们各自的角度提供这道题的解题思路。语言必须幽默、容易理解。题目是：已知一个直角三角形，其直角边的长度分别是 3cm 和 4cm，请问斜边的长度是多少？

**DeepSeek输出：**

让我们模拟班上的5个学生来讨论这道题，帮你轻松掌握勾股定理！

小明（突然跳起来）：我知道！3+4=7！所以斜边是7cm！

小红（捂脸）：醒醒啊！你当是搭积木吗？这是数学！要用勾股定理，$a^2+b^2=c^2$！

小刚（假装深沉）：小红说得对。但为什么不是$3^2×4^2=144$并开根号得12呢？

小美（举起草稿纸）：错！正确的算法是$3^2+4^2=9+16=25$，$c=5$cm！

小强（突然掏出三角板）：快看！我用尺子量了3-4-5的三角板，斜边真的是5cm！数学诚不我欺！

这种多角度讨论的方法不仅能帮助我们更深入地理解考试题目，还能使学习过程更加有趣和轻松。

## 4.4 题目深度拆解：考试高手的思考过程解析

本节将深入探讨如何拆解考试题目，通过AI大模型模拟一个考试高手，帮助学生理解考点，并掌握解题的关键思路和技巧。

拆解题目的考点和解题思路prompt如下。

> 请你扮演考试高手,我将输入题目给你,请你帮助我将这个题目所考的重点梳理出来,并且给出高效的解题思路和技巧。基于这个考点,给出另外5道选择题,要求题目不能雷同,条件要有变化,不附带答案。待我回答完题目,再给出答案和题目解析。题目:【 】

接下来看一个示例。

**对DeepSeek输入:**

请你扮演考试高手,我将输入题目给你,请你帮助我将这个题目所考的重点梳理出来,并且给出高效的解题思路和技巧。基于这个考点,给出另外5道选择题,要求题目不能雷同,条件要有变化,不附带答案。待我回答完题目,再给出答案和题目解析。题目:【语文阅读理解题】

阅读下面的文章,回答问题。

春天到了,花园里各种各样的花儿竞相开放,一团团、一簇簇,美丽极了。杜鹃花绽开了粉红色的笑脸,君子兰显现出翠绿的叶片,迎春花吹起了金黄色的小喇叭,月季花散发出迷人的清香。

啊!多美的春天啊!花园里充满了生机,到处是生命的歌声。

(1)文章写了花园里的哪些花?

(2)这些花是什么颜色?

(3)根据文章内容,推断花园里有哪些生命活动?

(4)这篇文章的结构是怎样的?

(5)请从修辞的角度欣赏下面的句子。

花园里充满了生机,到处是生命的歌声。

(6)评价一下这篇文章的价值。

(7)结合生活实际,谈谈你对这篇文章的理解。

**DeepSeek输出：**

我将以考试高手的身份为您拆解这道语文阅读理解题，先梳理考点与解题思路，再根据考点设计 5 道全新的选择题。

**考点梳理与解题技巧**

信息定位能力（第 1～2 题）→直接回原文找对应名词和颜色词，用荧光笔标出。

推理分析能力（第 3 题）→注意拟人化描写（"吹喇叭""笑脸"暗示动物 / 昆虫活动）。

文本结构辨识（第 4 题）→"总—分—总"结构：总写美景→分写花朵→结尾总结、抒情。

修辞手法判定（第 5 题）→识别通感手法（"歌声"将视觉转化为听觉）。

主题价值分析（第 6～7 题）→抓住"生命""生机"等关键词，联系"热爱自然"的永恒主题。

**高效解题口诀**

定位原文划重点，拟人背后藏线索。

结构要看起承转，修辞转换感官间。

生命主题永恒在，生活体验往上联。

**全新选择题设计（不附带答案）**

1. 下列哪项使用的修辞手法与"迎春花吹起了金黄色的小喇叭"不同？

    A. 愤怒的北风撕扯着窗棂

    B. 月光在湖面跳起了华尔兹

    C. 银杏叶撑起金色的小伞

    D. 书本在书架上整齐列队

2. 如果文章增加"清晨露珠在花瓣上玩滑梯"的描写，结构会变成？

A. 总—分—分—总

B. 分—总—分

C. 分—分—总

D. 总—分—总—分

3. 若将君子兰改为蓝紫色，下列哪项颜色需要同步修改？

A. 粉红色

B. 金黄色

C. 翠绿色

D. 不需要修改

4. 最适合作为本文续写的句子是：

A. 突然乌云密布下起了大雨

B. 蝴蝶在花间玩捉迷藏游戏

C. 园丁开始修剪多余的枝条

D. 远处传来汽车的鸣笛声

5. 如果要在文章中增加"触觉"描写，应选择：

A. 春风像妈妈的手拂过面颊

B. 蜜蜂嗡嗡唱着劳动号子

C. 空气里飘着甜甜的花蜜香

D. 花瓣的脉络清晰如地图

请先完成作答，我将为您提供答案详解和个性化分析建议。需要先看哪道题的解析可以告诉我哦！

## 4.5 时事分析题解析：正反观点，轻松应对

在当今信息爆炸的时代，我们每天都会看到大量的时事新闻和话题讨论。然而，通常情况下，人们可能只从一个角度去理解和判断事件，这容易导致观点和认识片面。为了提高学习效率，并全面深入地掌握时事知识，从正反两面分析时事话题是一种非常宝贵的技能。

掌握从正反两面分析时事话题的技能，不仅有助于增强批判性思维能力，还能助力深入理解复杂问题的多个维度。此外，正反两面分析不仅可以应用于时事话题，还能延伸到生活的方方面面，比如工作决策、人际交往甚至个人成长等。

从正反两面分析时事话题 prompt 如下。

> 请你扮演一个辩论者的角色。我将为你提供一些与时事有关的话题，你的任务是研究该话题辩论的双方，为每一方提出有效的论据来反驳对方的观点，并根据证据得出有说服力的结论。你的目标是帮助人们从讨论中获得更多的知识和对当前话题的洞察力。时事话题：【 】
> 请从正反两面进行分析。

下面通过一个例子来展示如何使用"从正反两面分析时事话题 prompt"。

**对 DeepSeek 输入：**

请你扮演一个辩论者的角色。我将为你提供一些与时事有关的话题，你的任务是研究该话题辩论的双方，为每一方提出有效的论据来反驳对方的观点，并根据证据得出有说服力的结论。你的目标是帮助人们从讨

论中获得更多的知识和对当前话题的洞察力。时事话题：

【是否应该实行网络内容审查制度】

请从正反两面进行分析。

## DeepSeek输出：

基于全球网络治理最新动态和新兴技术发展，以下为"是否应该实行网络内容审查制度"正反辩论框架。

### 正方观点：支持实行网络内容审查制度

**1. 维护国家安全和社会稳定**

**论据**：网络内容审查可以防止恐怖主义、极端主义和分裂主义等有害信息的传播，避免煽动暴力或颠覆国家政权。

**反驳反方**：虽然反方认为审查可能侵犯言论自由，但国家安全和社会稳定是更高层次的公共利益，适度的审查可以防止社会动荡。

**2. 保护未成年人免受不良信息侵害**

**论据**：网络充斥着暴力、色情、仇恨言论等内容，严格的审查制度可以保护青少年心理健康，减少网络欺凌和不良诱导。

**反驳反方**：反方可能认为家长和学校应承担主要责任，但在开放的网络环境中，仅靠个人防范难以完全屏蔽有害内容。

**3. 遏制虚假信息和网络诈骗**

**论据**：虚假新闻、谣言和诈骗信息泛滥，审查制度可减少误导性内容的传播，提高网络信息的可信度。

**反驳反方**：反方可能主张依靠算法和用户自治，但事实证明，完全依赖技术或公众自我管理难以有效遏制假信息。

**4. 防止文化侵蚀和意识形态渗透**

**论据**：某些国家可能通过网络进行文化输出或意识形态渗透，审查制度有助于保护本国文化和社会价值观。

**反驳反方**：反方可能认为这是封闭思想的表现，但在全球化时代，适度审查有助于维护文化多样性。

**反方观点**：反对实行网络内容审查制度

**1. 侵犯言论自由和知情权**

**论据**：审查制度可能导致政府过度控制信息，压制批评声音，使公众无法获取全面、真实的信息。

**反驳正方**：正方认为审查是为了社会稳定，但历史表明，过度审查可能导致信息垄断和权力滥用。

**2. 审查标准模糊，易被滥用**

**论据**：相关机构可能以"安全"或"道德"为由，任意删除合法内容，甚至打压异见人士。

**反驳正方**：正方强调审查的必要性，但缺乏透明度和独立监督的审查制度容易沦为政治工具。

**3. 阻碍创新和知识传播**

**论据**：严格的审查可能限制学术研究、艺术创作和公共讨论，影响社会进步。

**反驳正方**：正方认为审查能保护社会，但过度限制信息流通会阻碍科技、文化和思想的发展。

**4. 技术手段难以精准审查**

**论据**：AI和算法审查可能误删合理内容（如医学讨论、社会批评），而人工审查成本高且效率低。

**反驳正方**：正方主张审查能过滤有害信息，但现实中误判率高，反而影响正常信息交流。

**结论与平衡观点**

网络内容审查制度是一把双刃剑。适度的审查（如打击犯罪、保护未成年人）确实能维护公共利益。过度的审查则可能侵犯自由、阻碍社会发展。

**可能的折中方案**

1. 明确审查标准，确保透明度和司法监督，避免权力滥用。

2. 分级管理，对危害国家安全、儿童色情等内容采取严格审查，而对一般争议内容采取警示而非删除。

3. 加强公众媒介素养，让用户学会辨别信息，而非完全依赖政府或平台管控。

最终，如何在自由与安全之间取得平衡，取决于具体的社会环境、法律体系和技术能力。

网络内容审查应如"精准手术刀"，而非"无差别铁幕"。在当前的技术条件下，建立多层治理框架（政府底线审查＋平台动态管控＋用户自主过滤）的综合模式，或成破解争议的关键路径。

# 第 5 章

# AI 赋能经典思维：解锁高效学习新境界

## 5.1 思维的力量：从碎片化思维到框架思维的转换

生活在这个信息爆炸的时代，我们每天都在接收大量的信息，就像被各种各样的知识包围着。对于正在上学的学生来说，如何快速学习新知识、解决问题，以适应这个快速变化的世界，已成为一个重要课题。我们需要一个特别的"工具箱"，来更好地整理和运用每天接收的信息。这个"工具箱"就是框架思维。

什么是框架思维呢？简单来说，它就像我们大脑中一个个"收纳盒"，每个"收纳盒"都有它特定的用途。

框架思维不是死板的规则，而是灵活的工具，能帮助我们更清楚地看问题。例如，当我们要理解一个历史事件时，可以像排时间轴一样，把事情的来龙去脉梳理清晰；当我们要分析一个问题时，可以从政治、经济、文化等角度来思考。

传统的学习方法，比如死记硬背、重复抄写，或许能在考前带来短暂成效，但这些知识往往很快被遗忘。这就像把东西随意堆放在房间里，看似收纳妥当，待到需要时却无从找寻。

接下来，我为大家讲述一个小故事，帮大家更好地理解框架思维。

有个叫笑笑的学生，他每天都要面对很多功课和知识点。这些知识就像散落的拼图块，堆在他的脑海里，让他感到很困惑。有一天，他在图书馆里看到一本探险故事书，书中的探险家们靠着一张地图在大海和森林中寻找宝藏，看完这个故事，笑笑突然想：如果学习也有一张地图就好了！

这一想法促使笑笑探寻到了学习的新方法。他把框架思维看作是自己的知识地图,通过这张地图,他不仅把散乱的知识点连接起来,还发现了知识之间的联系。比如学习历史时,他会画一条时间线,把重要事件像串珠子一样串起来;学习语文时,他会用思维导图整理课文的主要内容。

渐渐地,笑笑发现这种思维方式不仅有助于更好地学习,在生活中也极为有用。比如在安排周末活动时,他会先列出想做的事情,再根据时间、地点等条件合理安排。原本怕碰到困难的他,现在变得更爱尝试新事物了,因为他知道,任何问题都可以通过合适的方法来解决。

随着时间的推移,笑笑发现框架思维为自己带来了以下三个方面的变化。

(1)**学习态度的转变**:从畏惧困难到勇于尝试,从被动应付到主动探索。

(2)**思维能力的提升**:分析能力更强,创造力显著提升。

(3)**视野的拓展**:看问题更加全面,思考更加深入。

学习和生活就像一场探险,每个人都需要一张适合自己的知识地图。框架思维就是这样一张神奇的地图,它不仅能帮我们在知识的海洋中找准方向,还能让我们的生活变得更有条理。让我们像笑笑一样,用这张地图去探索知识的宝藏,相信每个人都能在这个过程中有新的发现和成长!

## 5.2 刻意练习模型:精进技能的路径

刻意练习理论是佛罗里达州立大学的心理学教授安德斯·埃里克森(Anders Ericsson)提出的。他在研究中发现,专业能力的差异并非取决于天赋或经验，而在于刻意练习的深度与系统性。

埃里克森认为，专家级能力是一步步训练出来的，而有效进步的关键在于找到一系列的小任务让受训者按顺序完成。

刻意练习作为一种思维模型，被广泛应用于各个方面，该模型强调在"学习区"进行有目的的训练，通过大量重复和及时反馈，有针对性地提高个人技能。

刻意练习分为四个步骤，如图5.1所示。

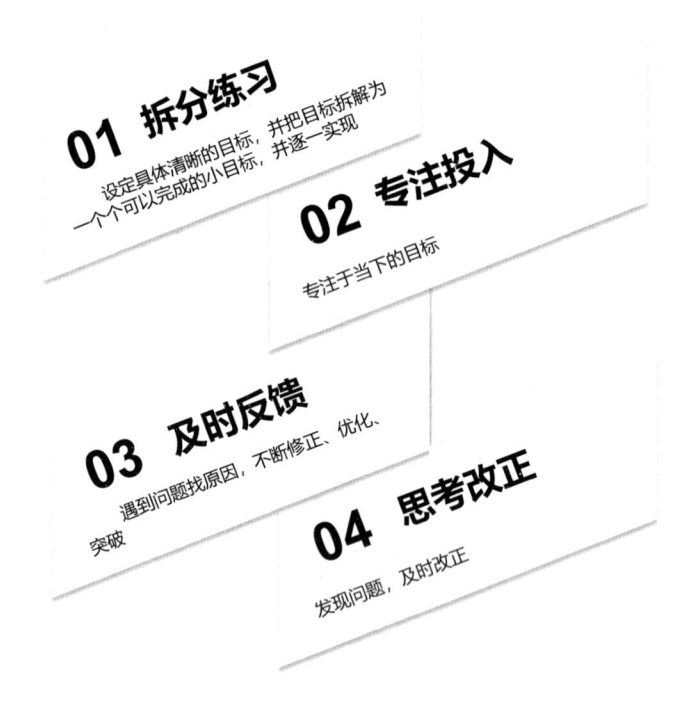

**01 拆分练习**
设定具体清晰的目标，并把目标拆解为一个个可以完成的小目标，并逐一实现

**02 专注投入**
专注于当下的目标

**03 及时反馈**
遇到问题找原因，不断修正、优化、突破

**04 思考改正**
发现问题，及时改正

图5.1

对学生来说，刻意练习能够有效提升学习成绩，培养自律品质，提升思维能力及其他技能。

当你在学习某个知识点遇到困难，想要有针对性进行练习时，可以采用刻意练习的方法。

刻意练习 prompt 如下。

> 请你使用刻意练习的逻辑（拆解练习、专注投入、及时反馈、思考改正），帮我【输入需求】。

接下来看一个示例。

**对 DeepSeek 输入：**
> 我是初二的学生，英语课程的教材是人教版八年级下册，请你使用刻意练习的逻辑（拆解练习、专注投入、及时反馈、思考改正），帮我制订单词学习计划。

**DeepSeek 输出：**

### STEP 1：精准拆解目标

**日任务量**：每天锁定 15 个新词（早 8 个词 + 晚 7 个词），优先处理动词 / 形容词及教材标星词汇。

**记忆周期**：用 7 日循环法巩固（新词→次日复习→第 3/5/7 天检测）。

**分层突破**：

✓ 基础层——词义 + 拼写（听写达标）；

✓ 进阶层——造句（结合教材例句改写）；

✓ 高阶层——词根拓展（如 act → action → active → activity）。

### STEP 2：高强度专注训练

**早间 8 个词**

▶ 5 分钟听教材音频跟读（建立发音—拼写关联）。

▶10分钟"三明治记忆法":新词→旧词→新词循环。

**晚间7个词**

▶用错词本中的单词创作微型故事(如用5个词描述周末计划)。

▶完成5道单词选择题(检测词义辨析能力)。

**STEP 3:反馈—修正闭环**

**每日检测:**晚9点进行3分钟听写(随机抽检10个词,错词标记★)。

**将错误归类:**拼写错误(红色)、词义混淆(黄色)、用法错误(蓝色)。

**动态调整:**

★次日起进入高频特训组(早间额外增加3分钟专项练习);

★若某个单词连续3次听写正确,则将其移出计划表。

**STEP 4:防疲劳机制**

**周三/周日启动无压力巩固:**

✓用已掌握词汇翻译流行歌曲片段;

✓在课本插图中标注对应英文词汇(视觉化记忆)。

**工具:**用Excel记录错误率曲线(每周分析峰值时段并进行针对性强化)。

**关键逻辑:**

① 通过精细化任务切割(15个词/日)降低启动压力;

② 用听写+故事创作构建多维反馈环;

③ 动态调整机制确保始终处于学习区;

④ 可视化数据追踪避免无效重复。

经过实测,按照此方案,可在18~25天内掌握人教版八年级下册词汇(日均耗时≤35分钟)。

在使用 AI 赋能刻意练习模型时，要注意结合自己的实际情况进行练习，不要生搬硬套。注意保持灵活性，进而逐步提升对某个知识点的理解，最终实现学习成绩的提高。

## 5.3 SQ3R模型：快速提升学习效率的高效阅读法

SQ3R 模型，也称 SQ3R 读书法，是由美国心理学教授罗宾森（Robinson）提出的。这种方法强调了阅读过程中的主动性和系统性，旨在提高阅读效率和理解能力。

SQ3R 模型分为五个步骤，如图 5.2 所示。

图5.2

采用SQ3R模型学习就像玩一个有趣的解密游戏,想象你拿到一本新书,如果直接从第一页读到最后是不是很无聊?现在,让我们用"解密游戏"的方法来读书。

**第一关:探险家(S 浏览)**

就像玩游戏前先看地图一样,在阅读前快速翻看目录、标题、图片,大概知道这本书在讲什么。

**第二关:好奇宝宝(Q 提问)**

变身小侦探,提出自己的问题。例如,这个故事会怎么发展呢?为什么作者要这样写?带着问题读书,就像解谜一样有趣。

**第三关:寻宝之旅(R 阅读)**

仔细阅读,带着问题去找答案。遇到重要内容,可以做个记号,就像在游戏中收集宝物。

**第四关:小老师(R 复述)**

假装自己是老师,用自己的语言讲述某个知识点,看看自己是否真懂了。教别人的过程也是加深理解的过程。

**第五关:时光回溯(R 复习)**

过几天把重要的内容复习一遍,就像给知识上了一把安全锁,防止它从记忆中溜走。

与传统的"一口气读完"相比,用"解密游戏"的方法来读书有以下几个优点。

①更有趣:像玩游戏一样读书。

②更容易记住:每一关都在加深印象。

③更容易理解:带着问题去找答案。

④更有成就感：每完成一步都是一个小胜利。

最重要的是，用这种方法读书，你会发现，原来读书可以这么有意思，记住知识变得更容易了，理解能力在不知不觉中提高了，学习效率也上去了。

SQ3R 读书法 prompt 如下。

> 请用 SQ3R 读书法协助我阅读【输入作品名】。

**对 DeepSeek 输入：**
> 我是中学生，请用 SQ3R 读书法协助我阅读《哈利·波特》。

**DeepSeek 输出：**

使用 SQ3R 读书法阅读《哈利·波特》可以帮你更深入地理解故事的情节和人物，同时保持阅读乐趣。以下是具体步骤。

**1. Survey（浏览）：快速了解全书结构**

**翻阅全书**：先看目录、章节标题（如"大难不死的男孩""午夜决斗"等），了解分章结构；浏览封面、封底和插图，感受魔法世界的氛围。

**预判内容**：通过标题猜测情节（如"密室"可能暗示危险场所，"三强争霸赛"指向竞赛），激发好奇心。

**2. Question（提问）：针对章节提出问题**

**全局问题：**

- 哈利如何从孤儿成长为对抗伏地魔的英雄？
- 魔法世界与现实世界的规则有哪些不同？

**章节问题（以《魔法石》第一章为例）：**

- 德思礼一家为什么隐瞒哈利的身份？
- 哈利伤疤的来历预示着什么？

**3. Read（阅读）：带着问题沉浸式阅读**

**分章节精读**：每次专注阅读 1~2 章，边读边标记关键情节（如哈利收到霍格沃茨的信）、人物特点（如赫敏聪慧）和伏笔（如魔法石的初次提及）。

**联想与推测**：读到"海格提到神秘人"时，联想后续伏地魔的登场；读到"斯内普的敌意"时，推测他的真实立场。

**4. Recite（复述）：用自己的话总结**

**口头复述**：向朋友或家人简述章节内容（如"哈利在火车上遇见罗恩，学会了巧克力蛙卡片的用途"）。

**写笔记或思维导图**：记录关键事件（如"三头犬路威守护活板门"），分析人物关系（如哈利、罗恩、赫敏的友谊是如何建立的）。

**5. Review（复习）：串联全局，深化理解**

**短期复习**：次日回顾前一日的笔记，确认问题是否解决（如"为什么分院帽让哈利去格兰芬多？"答案：他具备勇气而非野心）。

**长期复习**：读完一卷后，重读目录和笔记并思考：如何回收伏笔（如《密室》中日记的真相），如何升华主题（如《死亡圣器》中"爱与牺牲"的力量）。

**★技巧提示**

**结合兴趣延伸**：对比电影与原著的差异（如书中皮皮鬼为何被删），分析魔法生物的象征意义（如守护神代表希望）。

用 SQ3R 读书法阅读《哈利·波特》，你不仅能感受到魔法的魅力，还能提升逻辑分析和文学鉴赏能力！

再举一个与学习相关的例子。

**对 DeepSeek 输入：**

以下是朱自清散文名篇《春》的部分内容。

小草偷偷地从土里钻出来，嫩嫩的，绿绿的。园子里，田野里，瞧去，一大片一大片满是的。坐着，躺着，打两个滚，踢几脚球，赛几趟跑，捉几回迷藏。风轻悄悄的，草软绵绵的。

桃树、杏树、梨树，你不让我，我不让你，都开满了花赶趟儿。红的像火，粉的像霞，白的像雪。花里带着甜味儿；闭了眼，树上仿佛已经满是桃儿、杏儿、梨儿。花下成千成百的蜜蜂嗡嗡地闹着，大小的蝴蝶飞来飞去。野花遍地是：杂样儿，有名字的，没名字的，散在草丛里，像眼睛，像星星，还眨呀眨的。

请用 SQ3R 读书法分析这段文字，并预测考试中可能出现的问题。

**DeepSeek 输出：**

以下是基于 SQ3R 读书法对朱自清《春》选段的分析及考试问题预测，结合语文考点设计。

### 一、SQ3R 深度解析

**1. Survey（浏览）**

**结构速览**：段落分三个层次——草地嬉戏（动态）→果树繁花（色彩、嗅觉）→蜂蝶野花（视听联动）。

**感官标记**：视觉（绿草/红、粉、白花）→触觉（草软绵绵）→听觉（蜜蜂嗡嗡）→嗅觉（花的甜味儿）。

**2. Question（提问）**

**核心考点提问**：

- 为什么用"偷偷地"形容小草？
- "红的像火，粉的像霞，白的像雪"包含哪些修辞？

- "闹"字与"飞"字的表达效果有什么差异？
- 野花"像眼睛，像星星"，这样描写有什么作用？

### 3. Read（阅读）

重点标注分析：

| 原文摘录 | 手法解析 | 考点指向 |
|---|---|---|
| 偷偷地从土里钻出来 | 拟人＋动词活用，体现了春草的生命力 | 词语赏析题 |
| 你不让我，我不让你 | 拟人＋顶真，写春花争艳的动态 | 修辞作用题 |
| 闭了眼，树上仿佛…… | 虚实结合，由花联想果实 | 写作手法题 |
| 眨呀眨的 | 比喻＋动态化，突出了野花的灵动 | 意境分析题 |

### 4. Recite（复述）

多维复述法：

- 画面复现：想象镜头从俯视草地切换到仰视果树，最后特写蜜蜂；
- 感官串联：草地的触感→花的甜味儿→蜂鸣的嘈杂→繁盛的野花。

### 5. Review（复习）

对比复习表：

| 描写对象 | 核心手法 | 情感表达 | 注意 |
|---|---|---|---|
| 春草 | 拟人＋叠词 | 生机与童趣 | 易忽略"打滚/踢球"的侧面烘托 |
| 果树 | 比喻排比＋通感 | 期盼丰收 | "闭了眼"需联系上下文理解 |
| 蜜蜂、蝴蝶、野花 | 动静结合 | 生命的律动 | "闹"字易误答为拟人 |

## 二、考试高频问题预测

**基础题（字词句赏析）**

选择题：……

填空题：……

**进阶题（段落作用与手法）**

简答题：……

对比阅读：……

**拔高题（主题与风格）**

阅读理解：……

### 三、应试技巧补充

**修辞题陷阱**："你不让我，我不让你"容易被误判为"排比"，实为"拟人 + 顶真"。

**跨文本联想**：准备同类写景散文对比（如《荷塘月色》比喻系统），应对比较阅读题。

用 SQ3R 读书法拆解文段，既能精准锁定考点，又能深入体会散文之美。建议分类整理上述知识点，复习时按手法—例句—作用三个步骤快速回顾相关知识。

如果想要分析得更精准，还可以输入具体考题，要求 AI 给出相似的题目，从而更好地进行训练。

> **对 DeepSeek 输入：**
>
> 以下是考试中出现的部分考题，请根据这些题目的特点预测一些类似的题目。
>
> 1. 想象一下"小草偷偷地从土里钻出来"描绘了怎样的画面，并找出与该句描绘画面最接近的一项（　　）。
>
> A. 春风花草香
>
> B. 惟有青青草色齐
>
> C. 草色遥看近却无

D. 风吹草低见牛羊

2. "成千成百的蜜蜂嗡嗡地闹着，大小的蝴蝶飞来飞去"，如果将这一句中的"闹"字换成"叫"字好不好？为什么？

3. 从第一段中找出描写小草的质地、色泽和生长旺盛的词语。

**DeepSeek输出：**

以下是基于原题特点预测的类似考题，覆盖诗句对应、字词赏析、信息提取等核心考点。

## 一、诗句对应题（类比题1）

**预测题1：**

野花"散在草丛里，像眼睛，像星星"，这一句的意境与下列哪一项最相似？

A. 乱花渐欲迷人眼，浅草才能没马蹄。

B. 天街小雨润如酥，草色遥看近却无。

C. 晴日暖风生麦气，绿阴幽草胜花时。

D. 忽如一夜春风来，千树万树梨花开。

答案：A

解析：A项以"乱花""浅草"写花草错落之态，与野花"散在草丛里"的灵动画面意境相符。

## 二、字词替换赏析题（类比题2）

**预测题2：**

"桃树、杏树、梨树，你不让我，我不让你"中，"你不让我，我不让你"能否改为"竞相开放"？为什么？

**参考答案：**

不能。原句运用拟人和顶真手法，赋予果树人的争斗情态，生动地表现了春花争艳的激烈动态;改后仅为普通描写,失去了拟人化的鲜活趣味。

### 三、信息提取题(类比题3)

**预测题3:**

从选段中找出两类感官描写的词语(每类至少两个),并说明其作用。

**示例答案:**

视觉:"绿绿的""红的像火"——突出色彩明丽,渲染春的生机。

触觉:"软绵绵""轻悄悄"——以触感写春风春草的轻柔,传递惬意感受。

### 四、修辞手法辨析题

**预测题4:**

"红的像火,粉的像霞,白的像雪"运用了哪些修辞手法?请结合文本分析其效果。

**参考答案:**

比喻、排比。将花色分别比作火、霞、雪,突出了色彩的浓烈与层次感;使用排比的修辞手法增强了语势,体现了春花竞放的繁盛景象。

### 五、段落作用分析题

**预测题5:**

选段从"春草"写到"春花",再写到"蜂蝶野花",这样安排有何好处?

**答题方向:**

①空间上由低到高(草地→花树→空中蜂蝶),层次清晰。

②感官上从触觉、视觉扩展到听觉,多角度展现春的活力。

③情感递进,从个人嬉戏之乐升华到自然生命的热烈。

## 六、跨文本对比题

**预测题6：**

同样写"春草"，本文用"嫩嫩的，绿绿的"，而白居易《钱塘湖春行》用"浅草才能没马蹄"，两者的表达效果有何不同？

**对比分析：**

本文：叠词强化春草的柔嫩质感，侧重触觉与色彩。

古诗：以"浅""没马蹄"写草初生之矮小，突出早春特征。

## 七、拓展应用题

**预测题7：**

模仿文中"闭了眼，树上仿佛已经满是桃儿、杏儿、梨儿"的虚实结合手法，写一句描写"秋叶"的句子。

**示例：**

踩着簌簌作响的落叶（实），每一步都像拆开大地珍藏的鎏金信笺（虚），那些蜷曲的叶缘还沾着晨露的邮戳（虚实交融）。

**命题规律总结**

- 紧扣文本细节：聚焦叠词、动词、修辞等微观语言特色。
- 关联古诗文：调动课内外诗句积累进行意境类比。
- 分层设问：从词语识别到手法分析，再到跨文本对比，难度递进。

建议复习时制作"考点对照表"，横向整理同类题型，强化答题模板的运用。

## 5.4 POA模型：增强行动力，从被动学习到主动学习的神奇跃迁

POA 模型根据应用领域的不同，由多人提出。在行动力提升方面，POA 模型的提出者是张宁，他强调通过伙伴（Partner）、目标（Objective）和方法（Acceleration）三个方面的优化来提升行动力，如图 5.3 所示。

**1 伙伴（Partner）** 志同道合的伙伴

**2 目标（Objective）** 明确而单一的目标

**3 方法（Acceleration）** 通过有效的方法，可以加速实现目标

图 5.3

该模型表明，要实现强大的行动力，需要找到志同道合的伙伴，保持明确而单一的目标，并采取有效的方法。

伙伴可以相互督促、相互鼓励，促使目标更快达成。方法的选择至关重要，正确的方法能够事半功倍，使每一次努力都离目标更近。同时，明确的目标对于行动力的提升至关重要，它能够确保团队的努力方向一致，形成合力。

张宁提出了一个行动力公式，如图5.4所示。

$$\text{Power of Action}_{行动力} = \frac{\text{Partner}_{伙伴} \times \text{Acceleration}_{方法/行动}}{\text{Objective}_{目标}}$$

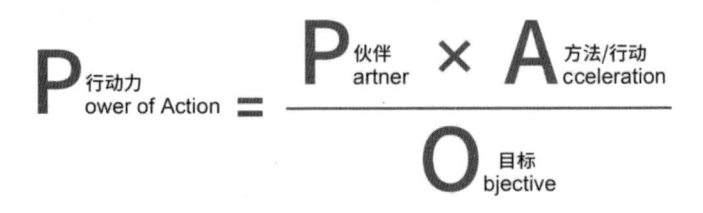

图5.4

根据这个公式可知，方法越有效，行动力就越强；伙伴越多，行动力就越迅速；目标越小越聚焦，行动力就越强。

POA模型与AI结合，可以为学生提供具体的策略，帮助学生迅速脱离舒适区，变被动学习为主动学习。

提升行动力是一个全面而系统的过程，建议学生针对自己的薄弱点逐一解决问题。例如，有的学生平时不愿意锻炼身体，结合AI工具，就可以利用POA模型得出相应的改进策略。

### 案例 运用POA模型与AI工具对话

**对DeepSeek输入：**

我是高中生，平时不喜欢锻炼身体，请问如何用POA（Partner、Objective、Acceleration）模型改变这种情况？

**DeepSeek输出：**

最终优化方案

一、Partner（伙伴）：轻量化监督网络

✓ 迭代方向：不依赖固定搭档，试试和不同的人随机聊天，这样更能放松心情。

A. 课间绑定同学

找 1~2 个同学约定：每天课间一起绕操场走 1 圈（约 5 分钟），边散步边聊天，把锻炼变成社交刚需。

B. 家庭场景

请家长做"隐形监督员"：回家后把运动服挂在书桌前，家长看到后会问"今天运动了吗？"（被动提醒）。

## 二、Objective（目标）：寄生式微习惯

✓ 迭代方向：将运动"寄生"在已有日程中，不额外占用时间。

A. 上下学通勤

若步行上学：故意绕远 100 米（多走 2 分钟左右）。

若坐公交：提前 1 站下车步行。

B. 学习场景绑定

每学习 40 分钟：做 1 分钟靠墙静蹲（保护膝盖 + 缓解久坐）。

背单词时：边深蹲边记忆（身体动作强化大脑活跃度）。

## 三、Acceleration（方法/行动）

A. 视觉欺骗法

手机壁纸上添加文字："已坚持运动 × 天"（每天手动改数字，大脑会因"厌恶损失"而坚持）。

B.5 秒启动原则

当不想运动时，默念"5 秒后必须动"并倒数：5、4、3、2、1，然后立刻起身做 1 个波比跳（生理上打断惰性）。

**底层原理**

最小阻力设计：所有动作均可在穿着校服 / 常服的情况下完成，无须换装找场地。

无感启动：利用高中生高频动线（教室—厕所—小卖部）插入微运动。试运行一周后，可根据实际感受进行微调。

再举一个例子，如果你是一名初一的学生，经常写作业拖拉，可以通过 AI 与 POA 模型结合，找到一些参考策略。

### 案例 运用 POA 模型改变写作业拖拉的问题

**对 DeepSeek 输入：**

我是一名初一的学生，写作业从小学开始就很拖拉，经常走神。1 小时的作业量，经常需要 2~3 小时才能完成。如何通过 POA（Partner、Objective、Acceleration）模型改变这一现状？请提供一些实用的方法。

**DeepSeek 输出：**

**POA 高效写作业 3 步法（简化版）**

**1. 绑定伙伴：固定监督人**

操作：每天约一个同学（或家长）在固定的时间视频连线，在线陪伴写作业。在视频的过程中，双方都将摄像头对准作业本，并全程保持静音。若无人监督，可以直接打开录屏软件，给自己心理暗示"有人在看"。

原理：他人在场效应能天然抑制走神，效率提升 30% 以上。

**2. 目标切割：15 分钟小任务**

操作：将每天要完成的作业拆解成"15 分钟就能完成"的小任务（如数学选择题 10 道 / 背 1 课单词）。用手机倒计时，规定自己在一个时间段只做一个小任务。完成 3 个小任务后允许自己休息 10 分钟。

原理：大脑专注力周期 15~20 分钟，短任务可以减少畏难情绪，启动速度提升 50%。

**3. 极简环境 + 即时反馈**

操作：

- 桌面上只放与当前任务相关的书本和笔，手机锁进抽屉；

- 每完成1个小任务，立刻在纸上打钩，并做一件喜欢的事（如吃颗糖、跳30秒舞）；

- 遇到不会的难题先做标记并跳过，待其他题目做完后再集中解决。

**原理**：环境干扰减少80%，即时奖励激活大脑奖赏回路，形成"行动—愉悦"的正循环。

**执行口诀**："有人陪、切小块、清桌面、秒奖励"——每天按此流程重复，坚持2周即可见效。初期允许自己每天有1次"重启机会"（如实在走神可暂停5分钟），但必须完成当天的任务。

很多用户会发现，AI的回复比较笼统，需要用户根据自己的实际情况来调整和完善细节。例如，针对上面的方案，可以进一步地将目标定位为初一寒假作业，并结合SMART原则来设计解决方案。

### 案例 运用POA模型+SMART原则提高设定目标的准确度

**对DeepSeek输入：**

我是一名初一的学生，请基于POA（Partner、Objective、Acceleration）模型中的"目标（Objective）"，帮我设定明确且可实现的学习目标。然后以初一寒假作业为例，采用SMART原则帮我设计一个作业完成方案。

**DeepSeek输出：**

基于POA模型 & SMART原则的寒假作业目标计划

核心原则：SMART目标设计。

Specific（具体）：锁定单一科目+任务类型，不混合。

Measurable（可衡量）：用"数量/时间"量化结果。

Achievable（可实现）：匹配专注力周期（15~25分钟/任务）。

Relevant（相关）：仅聚焦寒假作业核心内容。

Time-bound（有时限）：设定每日固定时段。

执行模板（以寒假15天为例）。

**总目标**：15天内独立完成全部寒假作业，正确率≥85%。

| 每日SMART目标 | 行动方案 |
| --- | --- |
| S：完成数学10道计算题+语文1篇阅读 | 早9:00—9:25数学，9:30—9:55语文 |
| M：每项任务限时25分钟 | 在任务开始前倒计时，一旦超时就立即暂停并更换科目 |
| A：每天仅安排3个任务段 | 上午2段，下午1段，留出弹性时间 |
| R：跳过超纲题，标注后集中问老师 | 避免卡壳消耗动力 |
| T：每天17:00前提交家长检查 | 检查后自由活动，强化按时完成作业的习惯 |

**关键控制点**

走神应急：若分心超5分钟，当天增加1个任务段（惩罚机制）。

奖励反馈：若连续3天达标，可兑换30分钟游戏/追剧时间（即时激励）。

进度公示：在书桌上贴日历，每天完成作业后就在相应的日期上画☆，视觉化成就感。

效果：通过"小目标日清"减少拖延焦虑，7天可形成无压学习节奏。

## 5.5 第一性原理：探索事物的根本

想象一下，你面前有一个巨大的乐高玩具城堡。这个城堡是怎么建起来的呢？是用一块块小的乐高积木堆砌而成的。如果想重新设计这个城堡，你会怎么做呢？

一定是先将眼前的城堡拆解为一块块乐高积木，然后根据自己的想法重新搭建。这个过程体现了第一性原理思维。

什么是第一性原理？简单来说，第一性原理就是找到最基本、最核心的事实或原理，然后用这些基本原理解决问题或创造新东西。在学习和生活中，我们可以用这种方式来理解和解决问题。

使用第一性原理时需要遵循三个步骤，如图 5.5 所示。

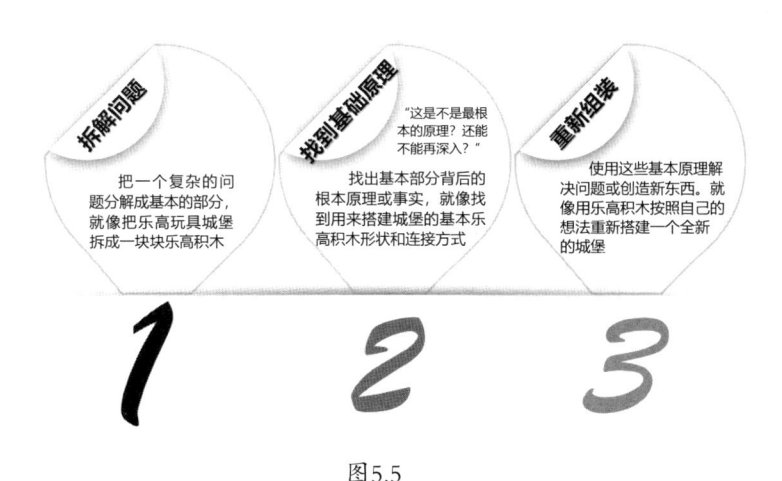

**1. 拆解问题**
把一个复杂的问题分解成基本的部分，就像把乐高玩具城堡拆成一块块乐高积木

**2. 找到基础原理**
"这是不是最根本的原理？还能不能再深入？"
找出基本部分背后的根本原理或事实，就像找到用来搭建城堡的基本乐高积木形状和连接方式

**3. 重新组装**
使用这些基本原理解决问题或创造新东西。就像用乐高积木按照自己的想法重新搭建一个全新的城堡

图5.5

将 AI 与第一性原理结合，能够有效提升学习成绩。学生只需要学会如何与 AI 对话，掌握相关的提示词，就可以轻松做到这一点。

### 案例 利用第一性原理高效掌握一门学科

学生 A 想通过 AI 赋能，利用第一性原理高效掌握一门学科，具体场景如下。

> **对DeepSeek输入：**
>
> 我用 AI 互动学习英语感到困惑，不知道如何将它应用到实际问题中。请你用互动对话的方式与我沟通，一次互动解决一个问题。在对话的过程中，使用第一性原理（拆解问题，找到基础原理，重新组装）协助我认识 AI 互动应用的本质，从根本上解决我不会用 AI 互动学习的困惑，互动方式要像朋友聊天一样一步步来。

**DeepSeek输出：**

假设你想学骑自行车，但不知道该怎么开始。

这时候如果我问你："车轮转动的物理学原理是什么？"

你会不会觉得头疼？

但假如我问："你第一次骑车摔跤的时候，最害怕的是什么？"

（比如怕失去平衡？怕撞到东西？）

这样是不是更容易描述问题？

现在轮到你了：用一句话吐槽你在用 AI 学英语时，最抓狂的体验是什么？

例如，是开口说的时候大脑一片空白，还是练完觉得没有效果？（先定位问题根源）等你回答后，我会根据你的具体场景拆解下一步。（假设你说"背单词枯燥，用不上"）

举个第一性原理的推演例子。

**拆解本质**：背单词的目标不是"记住"，而是"能在真实场景里调用"。

**基础原理**：大脑对场景化记忆更敏感 → AI能模拟场景，比如让它生成一个餐厅点菜对话，把新单词直接嵌进去。

**重组应用**：下次背单词时，你可以直接对AI说："用'appetizer, portion, allergy'这几个词模拟一个在牛排馆点餐的对话，你扮演服务员，我扮演顾客，出错了立刻纠正我！"（这里先不假设你的情况，等你反馈后再继续进行个性化推进）

> **对DeepSeek输入：**
> 最抓狂的是总是背了忘。

**DeepSeek输出：**

（拍桌）这个痛我懂！咱们不聊理论了，直接带你体验一个魔法实验。

- **现象观察**

想象你正在背"ephemeral（短暂的）"这个单词。

传统方法：抄写10遍 → 3天后全忘光了。

魔法改造：让AI生成关于"樱花花期"的故事 → 你边读边哭 → 3年后还记得。

- **第一性原理拆解**

**遗忘本质**：大脑优先存储带情绪/场景的信息（原始生存机制）。

**AI突破口**：用图像联想+故事引擎给单词注入"记忆钩子"。

- **互动决策**

现在你有两个魔法选项：

A. 让AI把单词编成荒诞小剧场

B. 让 AI 生成与单词对应的气味／触感描述（比如 ephemeral= 阳光穿过指缝的温度）

选一个你最想尝试的，我们立刻生成案例！

使用第一性原理思维理解并应用一个原理，不仅加深了对概念的理解，还提高了解决问题的能力。AI 在这一过程中起到了重要的指导和激励作用，帮助学生一步步构建知识框架，并鼓励他们独立思考和解决问题。

# 第 6 章

# AI 提效训练：打造完美学习计划与时间管理方案

## 6.1 智能规划：用AI大模型制订学习计划

在使用 AI 大模型制订学习计划之前，首先要了解策略，也就是与 AI 大模型对话的主要逻辑。如果没有这个逻辑，AI 大模型的回答会非常简单，会说很多"正确的废话"。

那么，制订学习计划的策略是什么呢？图 6.1 所示为最佳学习策略模型。

**03 设定时间表**
为每个任务分配时间，包括开始时间和结束时间

**02 分解任务**
将大目标分解为小任务，每个任务都应该是可实现的，并且能够帮助你接近最终目标

**04 执行并调整**
开始执行你的计划，在执行的过程中根据实际情况进行调整

**01 确定目标**
明确你要学习的是什么，这是你的最终目标

**05 反馈和评估**
完成每个任务后，进行反馈和评估，看看哪些地方做得好，哪些地方需要改进

图 6.1

将制订学习计划的策略分为五个步骤，按照这五个步骤执行，能够轻松地设计出最基础的学习计划。

如果想要进一步定制个性化的学习计划，可借助 AI 大模型实现。以 DeepSeek 为例，它可以根据学习目标、学习时间、学习风格等制订具体的学习计划。

对于不熟悉提示词优化的用户来说,通常难以快速通过 DeepSeek 获得精准的答案,这类群体的提问可归类为普通提示词。

### 👉 普通提示词prompt示范

> **对DeepSeek输入:**
>
> 我正在准备初二地理会考。我有两个月左右的时间,每天可以学习2小时,你能帮我制订一个学习计划吗?

**DeepSeek输出:**

**整体规划**

原则:3阶段递进(基础→重点→冲刺),每天2小时拆分为"复习+练习",周末定期总结。

**第一阶段:基础梳理(第1~4周)**

目标:熟悉教材框架,掌握核心概念和基础知识点。

**每日任务**

(1)复习课本(1小时)

- 按教材单元顺序,每天梳理1~2章。
- 针对复杂难懂的概念(如"季风气候"),尝试用一句简单的话解释(如夏季风从海洋带来降水)。

(2)基础练习(1小时)

- 完成对应章节的填空题、选择题(优先用学校发的练习册)。
- 错题直接标注在课本对应知识点旁,方便后续查找。

**每周日任务**

用1小时整理本周错题,归纳重复错误类型。

……

**第二阶段：重点突破（第 5 ~ 6 周）**

**目标**：主攻高频考点和薄弱点，减少重复错误。

**每日任务**

（1）专题学习（1 小时）

• 根据前期错题，每天集中解决一类问题（如"气候类型判断"或"人口分布因素"）。

• 结合教材例题，总结此类题目的通用分析步骤。

（2）综合练习（1 小时）

• 做 10 ~ 15 道综合题（选择包含图表、材料分析的题目）。

• 核对答案时重点看"解析逻辑"，而非单纯记答案。

**每周日任务**

限时 45 分钟完成一套模拟卷选择题部分，训练速度。

……

**第三阶段：考前冲刺（第 7 ~ 8 周）**

**目标**：适应考试节奏，保持稳定心态。

**每日任务**

（1）模拟实战（1 小时）

• 隔天做一套完整真题/模拟卷（严格计时，用答题卡并规范书写）。

• 非模拟日重点重做错题（尤其是前两阶段标记的常错题）。

（2）查缺补漏（1 小时）

• 针对模拟卷错题，回看教材对应章节，用便利贴写下易忘知识点并贴在书桌上。

• 每天默写一张重点知识图（如中国铁路干线框架）。

**考前 3 天调整**

- 停止刷新题，专注复习错题和教材标红内容。
- 调整作息，保证考试时间段（如上午 9 点）头脑清醒。

**★ 关键提醒**

- 工具精简：一本教材 + 一本练习册 + 错题本，避免资料混杂。
- 时间弹性：若某天任务未完成，周末优先补"错题整理"。
- 心态管理：每天开始学习前写一句鼓励语（如"今天搞懂气候类型！"）。

按此计划执行，既能覆盖核心内容，又能避免陷入细节焦虑。如果需要进一步简化，可告诉我你的教材版本或薄弱环节，我再有针对性地进行调整。

## 提示词分析

提示词虽然明确地表达了用户的需求，但存在两个明显的问题。

### 1. 缺乏个性化信息

未提及自身基础（如是否擅长读图、计算题弱项等），可能导致计划的针对性不足。例如，若学生已熟悉基础概念，第一阶段"基础梳理"可能效果不佳。

### 2. 学科特征模糊化

地理会考需结合地图技能、材料分析等实操能力，过度简化可能会导致关键环节缺失。

大家可以根据自己的实际情况优化提示词，注意需求越明确，AI 大模型生成的内容越具有针对性。

## 经典思维模型提示词

**对DeepSeek输入：**

针对地理学科，用SWOT模型帮我分析一下我的优势和劣势。我是初二的学生，地理成绩不及格，不喜欢学习地理。我有两个月左右的时间，每天可以学习2小时。

**DeepSeek输出：**

好的！我们可以用SWOT模型来分析你在地理学科上的现状，帮助你更好地制定学习策略。针对你的情况，具体分析如下。

---

### SWOT分析

**1. 优势（Strengths）**

- 学习时间充足：你每天有2小时的学习时间，两个月足够系统复习。

- 其他学科基础：如果你的历史、数学或科学等学科基础较好，这些学科的逻辑思维和分析能力可以迁移到地理学习中。

- 年轻且适应力强：作为初二的学生，你的学习能力和记忆力正处于黄金期，只要找到兴趣点，进步会很快。

- 外部资源支持：你可以利用网络资源（如视频、题库）或向老师、同学请教，弥补自学中的不足。

**2. 劣势（Weaknesses）**

- 地理成绩不及格：目前的地理基础较弱，可能对基本概念和知识点掌握不牢固。

- 缺乏兴趣：对地理学科不感兴趣，可能导致学习动力不足，效率低下。

— 学习方法不当：可能没有找到适合自己的学习方法，导致学习效果不佳。

— 时间管理问题：如果学习时间分配不合理，可能导致复习不系统。

### 3. 机会（Opportunities）

— 会考目标明确：地理会考是一个明确的目标，可以通过短期努力取得显著进步。

— 多样化学习资源：可以通过视频、地图、互动工具等多样化的学习方式激发兴趣。

— 老师和同学的帮助：可以向老师请教难点，也可以与同学组成学习小组，互相督促。

— 短期突破的可能性：地理学科的知识点相对集中，通过系统复习可以在短期内提高成绩。

### 4. 威胁（Threats）

— 学习动力不足：如果不解决兴趣问题，可能会导致学习计划难以坚持。

— 时间压力：两个月的时间虽然充足，但如果前期拖延，后期可能会面临时间紧张的问题。

— 考试焦虑：如果前期复习效果不理想，可能会在考试前产生焦虑情绪，影响发挥。

— 其他学科压力：如果其他学科任务繁重，可能会挤占地理的学习时间。

———

### 基于SWOT分析的改进策略

#### 1. 发挥优势

— *每天2小时，严格按照计划学习。*

- 将其他学科的学习方法（如逻辑思维、记忆技巧）迁移到地理学习中。

2. 弥补劣势
- 培养兴趣：通过观看地理纪录片（如《地球脉动》）、使用地图工具或玩地理类游戏，激发学习兴趣。
- 夯实基础：从最基础的知识点开始复习，逐步提高难度，确保每个知识点都掌握牢固。
- 改进学习方法：尝试多种学习方法，如思维导图、口诀记忆、图表分析等，找到最适合自己的学习方法。

3. 抓住机会
- 设定小目标：每周设定一个小目标（如掌握某一章的内容），完成后及时自我奖励。
- 利用资源：多使用网络资源(如地理学习App、视频课程)辅助学习。
- 寻求帮助：主动向老师或同学请教不懂的问题，不要积累疑问。

4. 应对威胁
- 增强动力：将地理学习与生活实际联系起来（如了解家乡的气候、地形），增加学习的实用性。
- 避免拖延：严格按照计划执行，每天完成任务后记录进度，避免后期时间紧张。
- 调整心态：通过模拟考试熟悉考试形式，减少考试焦虑。

---

**具体行动建议**
……

希望这份SWOT分析和改进策略能帮助你更好地认识自己，找到学习地理的动力和方法！如果有任何问题，可以随时问我！加油！

用好提示词，不是简单的对话，也不是仅仅精准描述，而是善用最佳策略及科学家、思想家、作家等经典思维模型，这样你就可以站在巨人的肩膀上，发挥你的想象力和创造力，高效地解决问题。

## 6.2 智能规划：用AI大模型定制个性化学习之路

本节将从两个方面进行讲解，分别是制订学习计划的重要性和提示词的通用模板。

### 一、制订学习计划的重要性

在AI大模型问世之前，制订学习计划需要经过长时间的深思熟虑。而且，即使将计划制订出来了，也常因为不能及时修正和优化而导致失败。如今，AI大模型的问世，极大地缩减了制订计划所需的时间，同时还可以随时随地完善计划，更快地实现目标。

这一节以ChatGPT为例，介绍一套提示词通用模板，即使是小白也能快速上手。

### 二、提示词的通用模板

提示词的通用模板包括三项内容，如图6.2所示。

## 1 人物定位　2 需求分析　3 执行步骤

图6.2

### 1. 人物定位

设定特定角色，通过"请你扮演……"这样的提示词来激活 ChatGPT 的角色认知功能，帮助 ChatGPT 更精准地理解和执行指令。

### 2. 需求分析

需要清晰描述你的目标和实际情况，让 ChatGPT 能够准确生成符合需求的内容。

### 3. 执行步骤

制定明确的执行步骤，使用"请你帮我执行以下步骤……"这样的提示词，有助于指引 ChatGPT 按照预定的路径行动。

下面将通过一个具体的例子，展示如何运用提示词的通用模板。该案例是关于如何制订一个针对研究生考试的学习计划。通过这个例子可以看到，ChatGPT 不仅可以帮助我们制订学习计划，还可以根据我们的实际情况和需求，实时进行学科基础检测，生成一个动态的、根据实际表现不断优化的学习方案。

☞ **提示词示范**

对ChatGPT输入：

（人物定位）请你扮演学习规划师的角色，制订各种学习计划，包括：

1. 单一科目学习计划；

2. 多科目综合学习计划；

3. 重难点突破攻关计划；

4. 周计划、月计划、季计划、年计划。

（需求分析）我需要参加12月份的研究生考试。我现在白天要工作，每天可以拿出3小时来准备和学习考研的内容。我最弱的科目是英语，在这3小时中，我想拿出1.5小时专门学习英语。

（执行步骤）请你根据我当前的情况执行以下步骤：

1. 英语学科基础检测；

2. 离考研还有3个月，针对我的基础，制订分阶段的学习计划；

3. 以时间管理表的方式，输出第一个月的时间管理任务表。

**ChatGPT输出：**

当然，我很高兴协助你制订一个有效的学习计划。首先，我们来进行英语学科的基础检测，以了解你目前的水平。请回答以下几个问题。

英语的四个基本技能（听、说、读、写）中，你认为哪一项最难？

你的英语词汇量和语法掌握情况如何？

英语考试题型（如阅读、写作、翻译等）中，哪一种是你的薄弱点？

一旦收到你的回答，我将更精确地为你制订计划。

根据自己的具体情况回复。回复后，ChatGPT会给出相应的回答，示例如下。

**ChatGPT输出：**

**基础检测反馈**

感谢你提供的信息。根据你的回答，我们可以着手制订学习计划。

**阶段一：建立扎实基础（第一个月）**

周一至周五（每天3小时）：

第一个小时：通过听力练习和口语模仿，集中精力提高听力和口语能力；

第二个小时：针对阅读和写作进行系统的学习，拓展词汇量；

第三个小时：复习所学，巩固基础。

周六至周日（每天3小时）：

第一个小时：进行模拟考试，检测所学的知识点；

第二个小时：根据模拟考试的结果，强化薄弱环节；

第三个小时：复习本周学过的知识，并预习下周要学习的内容。

**阶段二：深化理解，提高应试水平（第二和第三个月）**

每周调整：

根据模拟考试结果，调整学习重点，侧重攻克分数较低的部分；

每周至少进行两次模拟考试，逐渐提高答题速度和准确性。

**时间管理表（第一个月）**

| 时间 | 星期一 | 星期二 | 星期三 | 星期四 | 星期五 | 星期六 | 星期日 |
|---|---|---|---|---|---|---|---|
| 18:00~19:00 | 听力和口语练习 | 阅读和写作学习 | 听力和口语练习 | 阅读和写作学习 | 听力和口语练习 | 模拟考试 | 模拟考试 |
| 19:00~20:00 | 阅读和写作学习 | 听力和口语练习 | 阅读和写作学习 | 听力和口语练习 | 阅读和写作学习 | 弱项攻关 | 复习与预习 |
| 20:00~21:00 | 复习与预习 | 模拟考试 | 复习与预习 | 模拟考试 | 复习与预习 | 复习与预习 | 复习与预习 |

你可以根据实际情况对时间表进行调整。每周末的模拟考试可以帮助你追踪进度，发现问题，并及时调整学习计划。

## 6.3 时间在你手中：用AI大模型进行时间管理

如今，市面上的时间管理方法、软件非常多，但是很多人在使用之后依然无法提升学习与工作效率。本节以 DeepSeek 为例，从**自我剖析、策略适配、落地实施和及时反馈**四个方面，协助大家更好地使用 AI 大模型进行时间管理。

### 一、自我剖析

在设计具体的时间管理方案之前，我们需要先深入地了解自己。每个人都是独特的，都有自己的动机、需求和价值观。深入洞察自己，才能更准确地制订个性化的时间管理方案。这一过程要求我们清晰地了解自己的需求、期望、习惯和偏好。

☞ **提示词结构**

【自我理解】【动机】【价值观】【需求】【期望】【习惯】【偏好】

☞ **提示词示范**

> 对DeepSeek输入：
> 
> 我是即将高考的高三学生，请以提问的方式与我互动，从询问我【自我理解】开始，帮助我深度剖析自我，挖掘我的动机和价值观，理解我的需求和期望，以便我更好地进行时间管理，提高高考复习的效率。切记，一次对话只问一个问题，不要一次问一堆问题，否则我很难回答。

**DeepSeek输出：**

好的，我们开始吧！首先，我想问你一个问题：

【自我理解】

你觉得自己目前的学习状态如何？是充满动力，还是感到有些疲惫或迷茫？请简单描述一下。

（此处省略多轮对话）

## 二、策略适配

通过多轮对话，DeepSeek 可以提供多种策略和建议，帮助我们找到最符合自己需求的时间管理方法。

☞ **提示词结构**

【个性化】【策略】【个性化方案】

☞ **提示词示范**

> 对DeepSeek输入：
> 请以提问的方式了解我的特点和需求，为我推荐几种时间管理策略，并帮助我制订一份个性化的时间管理方案。

**DeepSeek输出：**

好的！为了帮你制订一份个性化的时间管理方案，我需要先了解你的特点和需求。以下是一些问题，请根据你的实际情况回答。

1. 关于你的日常节奏

- 你每天的工作/学习时间大致是怎样的？是否有固定的时间段？
- 你是否有较多的碎片化时间？

－你通常最有效率的时间段是早上、下午还是晚上？

**2. 关于你的任务类型**

－你每天需要处理的任务类型主要是什么？（如创造性工作、重复性任务、学习、社交、运动等）

－你是否经常需要同时处理多项任务？

－你是否有长期目标或项目需要持续跟进？

**3. 关于你的挑战**

－你目前面临的主要时间管理挑战是什么？（如拖延、分心、任务过多、优先级不清晰等）

－你是否容易被外界干扰（如手机、社交媒体）？

－你是否经常感到时间不够用，或者任务无法按时完成？

**4. 关于你的偏好**

－你更喜欢结构化的时间管理方式（如严格的时间表），还是更灵活的方式（如任务列表）？

－你是否喜欢使用工具（如手机App、笔记本、日历）来辅助时间管理？

－你是否愿意尝试新的方法或工具？

**5. 关于你的目标**

－你希望通过时间管理实现什么目标？（如提高效率、减少压力、平衡工作与生活、完成特定项目等）

－你是否有明确的时间管理目标（如每天专注工作4小时、减少拖延等）？

———

**★ 推荐几种常见的时间管理策略**

根据你的回答，我可以从以下几种策略中选择适合你的方法，或者结合多种策略为你定制方案。

（1）番茄工作法（Pomodoro Technique）

- 适合需要提高专注力、减少拖延的人。

- 方法：每专注工作 25 分钟，休息 5 分钟；每 4 个番茄钟后休息 15～30 分钟。

（2）GTD（Getting Things Done）

- 适合任务繁多、需要清晰梳理优先级的人。

- 方法：将所有任务记录下来，分类整理，按优先级逐一完成。

（3）时间块（Time Blocking）

- 适合需要结构化安排时间的人。

- 方法：将一天分为多个时间块，每个时间块专注于特定任务或类型的工作。

（4）艾森豪威尔矩阵（Eisenhower Matrix）

- 适合需要明确任务优先级的人。

- 方法：将任务分为四类，即重要且紧急、重要但不紧急、紧急但不重要、不重要也不紧急，优先处理重要任务。

（5）二八法则（80/20 Rule）

- 适合希望高效利用时间、聚焦关键任务的人。

- 方法：识别并优先完成那些能带来 80% 结果的 20% 的任务。

（6）习惯叠加（Habit Stacking）

- 适合希望培养新习惯或优化日常流程的人。

- 方法：将新习惯与已有习惯结合，如在早晨喝完咖啡后立即规划当天任务。

---

**下一步**

请根据上述问题向我提供更多信息,我将据此为你推荐最适合的时间管理策略,并帮助你制订一份个性化的时间管理方案!

(此处省略多轮对话,并制定最终策略)

### 三、落地实施

制定策略之后,我们需要将其落实,生成具体的时间管理表。一个好的时间表不仅要科学合理,还要灵活可变。

☞ **提示词结构**

【时间表】【科学合理】【灵活可变】

☞ **提示词示范**

> 对DeepSeek输入:
> 
> 请基于我选定的策略,以及我的自由学习时间是20:00~22:00,帮我制定一个科学合理且灵活可变的学习时间管理表。

DeepSeek输出:

好的!根据你的自由学习时间(20:00~22:00),我为你制定了一个科学合理且灵活可变的学习时间管理表。这个计划结合了高效学习的原则,同时留有一定的灵活性,方便你根据实际情况调整。

**学习时间管理表(20:00~22:00)**

1. 20:00~20:10 学习准备与目标设定

**任务**:整理学习环境,准备好学习材料(书籍、笔记本、电脑等)。

**目标设定**：明确今晚的学习任务（如完成数学作业、复习英语单词、阅读1章专业书等）。

**建议**：写下具体目标，避免模糊不清。

2. 20：10～20：50 高效学习时段1

**任务**：专注学习核心内容（如数学、专业课等需要高度集中注意力的任务）。

**方法**：使用"番茄工作法"（学习25分钟+休息5分钟），保持高效专注。

**建议**：关闭手机或其他干扰源，避免分心。

3. 20：50～21：00 短暂休息

**任务**：放松大脑，活动身体。

**建议**：站起来走动、喝水、做简单的拉伸，避免玩手机。

4. 21：00～21：40 高效学习时段2

**任务**：切换学习内容（如从数学切换到英语，或从理论学习切换到实践练习）。

**方法**：继续使用"番茄工作法"或根据任务调整时间。

**建议**：安排多样化的学习内容，避免长时间学习同一科目导致疲劳。

5. 21：40～21：50 复习与总结

**任务**：回顾今晚学习的内容，整理笔记，标记未解决的问题。

**建议**：写下学习收获和疑问，方便后续复习或请教他人。

6. 21：50～22：00 明日计划与放松

**任务**：制定明天的学习计划，明确重点任务。

**建议**：简单规划后，可以听音乐、冥想或做轻松的活动，帮助大脑放松。

**灵活调整建议**

**任务优先级**：如果某天任务较多，可以优先完成最重要的任务，将次要任务延后。

**时间弹性**：如果某天状态不佳，可以缩短高效学习时段（如调整为20分钟），增加休息时间。

**多样化学习**：根据兴趣和需求，灵活调整学习内容（如加入阅读、写作或技能练习）。

**长期目标**：每周回顾一次学习进度，调整计划以确保长期目标的实现。

希望这个时间管理表能帮助你高效利用自由学习时间！如果有其他需求，可以随时调整哦！

## 四、及时反馈

### 提示词结构

【时间】【情况】【修正】

**对DeepSeek输入：**

在践行时间管理表的过程中，我发现如果在20：50～21：00起来走动，之后就很难继续保持专注了。请你根据我的反馈，调整一下学习时间管理表。

**DeepSeek输出：**

根据你的反馈，调整的核心是减少休息后的重启成本，同时保持学习节奏的连贯性。以下是优化后的版本，重点将"短暂休息"改为"低刺激放松"，并微调时段分配。

**修订版学习时间管理表（20：00～22：00）**

**核心理念**：减少状态切换，用被动休息代替主动活动。

**1. 20：00～20：10 学习准备与目标设定**

**任务**：整理环境、准备材料、写下1个核心目标（如"今晚弄懂三角函数公式"）。

**关键调整**：用手机拍下目标纸条，设为锁屏（避免休息后忘记方向）。

**2. 20：10～20：50 深度专注时段1**

**方法**：直接连续学习40分钟（省去中途番茄钟打断）。

**科学依据**：进入心流状态通常需15～25分钟，长时间段更有利于深度思考。

**替代方案**：若需分阶段，尝试「45+15」而非「25+5」。

**3. 20：50～21：00 低刺激休息**

**禁止**：起身、看视频、聊天等需要启动大脑的活动。

**推荐**：

- 闭眼听纯音乐
- 缓慢喝水＋凝视远方（窗外或静态物体）
- 简单整理笔记（无须动脑的机械动作）

**4. 21：00～21：40 切换式学习时段2**

**任务**：选择与前一时段差异较大的内容（如数学→英语听力→编程实操）。

**技巧**：用不同颜色的笔记本／软件界面，通过视觉差异提示大脑"频道切换"。

**5. 21：40～21：50 主动回忆式总结**

**任务**：合上书本，用白纸写下今日3个关键收获（不翻看资料）。

**进阶方法**：用手机录音口头总结，次日早晨回听。

**6. 21：50～22：00 明日预热**

**任务**：用便利贴写下明日第一个学习任务（如"复习今晚整理的数学错题"），贴在电脑/书本上。

**放松建议**：嗅觉刺激（如闻薄荷精油）或轻量咀嚼（口香糖）。

**★灵活应对方案**

**若20：50仍专注**：可延续学习至21：00再休息，但需设置硬性截止点（如闹钟）。

**疲劳信号出现时**：改用"换科目不换姿势"策略（如保持坐姿，从做题切换为看教学视频）。

**长期适应**：前3天记录休息后的专注度（1～5分），找到最适合你的休息方式。

调整后的重点是通过降低休息期间的认知转换消耗，帮助大脑保持"半预热"状态。试试看，后续可进一步个性化调整！

借助AI大模型，我们能更精确地掌握时间规律并提高时间利用效率，更合理地分配时间，更科学地做出决策，从而有效地提升学习的效率。

## 6.4 高效备考：制订考前学习计划与时间管理攻略

用AI扮演学习规划师，可以帮你制订合适的考前学习与时间管理计划。

## 提示词示范

注: _____

【 】根据自身实际情况填写。

**对DeepSeek输入:**

请你扮演学习规划师,你擅长制订各种学习计划,包括:1. 单一科目学习计划;2. 多个科目综合学习计划;3. 重难点突破攻关计划;4. 周计划、月计划、季计划、年计划。

针对【6】月份【普通高等学校招生全国统一】考试,我每天希望拿出【2】小时来准备和学习高考的内容。我最弱的科目是【物理】。请你根据我当前的情况执行以下步骤:1.【物理】学科基础检测;2. 离高考还有【30】天,针对我的情况制订分阶段的应试计划;3. 生成每周的学习计划。

**DeepSeek输出:**

好的!根据你的情况,我将按照以下步骤为你制订学习计划。

**1. 物理学科基础检测**:帮助你明确当前的知识掌握情况。

**2. 分阶段应试计划**:将 30 天划分为 3 个学习阶段,逐步提升学习效率和成绩。

**3. 每周学习计划**:细化到每周的具体任务,确保高效执行。

**一、【物理】学科基础检测(自测题目)**

为了了解你的物理基础,请回答以下问题(可以自我评估)。

**力学基础**:……

电磁学：……

……

综合问题：……

根据你的回答，我会进一步调整学习计划的侧重点。如果你不确定，可以简单描述一下你平时做物理题时的困难点（如记不住公式、看不懂题目、计算容易出错等）。

## 二、【30天高考物理极简抢分方案】

### 每日 2 小时核心结构

- 19：00~19：40：物理死磕（只练1个高频易错题型）。
- 19：50~20：20：其他科目急救（数学→语文→英语轮换）。
- 20：25~20：55：物理真题（限时训练+红笔改错）。
- 20：56~21：00：写明日重点（1个必做题+1条避坑提醒）。

### ✅ 三阶段重点

**1. 前 10 天：题型爆破**

- 每晚精练1个高频错题（如电磁场偏转题）。
- 吃透该题型3个核心步骤+2个必用公式。

**2. 中间 15 天：抢分实战**

- 限时训练物理选择题（10题/12分钟）。
- 大题只做前两问（画出题干关键数据）。

**3. 最后 5 天：考场模式**

- 每天下午计时做物理试卷（重点练时间分配）。
- 晚上改错时用"！"标记错题。

**保分策略**

- 放弃难题最后一问（省20分钟保基础分）。

……

### 三、每周学习计划

以下是每周的学习计划安排。

**第1周（第1~7天）：基础巩固**

……

**第2周（第8~14天）：专项突破**

……

**第3周（第15~21天）：综合训练**

……

**第4周（第22~30天）：模拟冲刺**

**额外建议**

- 错题本：将每次练习中的错题整理到错题本中，定期回顾。
- 时间管理：每天固定2小时学习时间，避免拖延。
- 心态调整：保持适度运动，避免过度焦虑，保证充足睡眠。

希望这个计划能帮助你高效备考！如果有其他问题，欢迎随时沟通！

从这个案例可以看出，AI大模型可以帮助我们规划学习时间，让我们明确什么时间段该做什么事情。当然，在这个案例中，你还可以上传已做完的测试题，让AI大模型更了解你的学习情况，进而给出更有针对性的时间管理方案。

## 6.5 AI学习计划设计课——做自己的时间管理大师

这一节的主要任务是根据本章前面所学内容，借助 AI 大模型，设计一套适合自己的时间管理方案。

下面将从以下三个方面进行讲解，分别是根据最佳学习策略模型制订学习计划、选择 AI 大模型和输入提示词。

### 一、根据最佳学习策略模型制订学习计划

结合目前的学习情况，选择一项较为紧迫的学习任务，如"提升英语成绩"。

根据最佳学习策略模型填写表 6-1。

### 二、选择AI大模型

| 国外AI大模型 | ChatGPT | PaLM | Claude | LLaMA | 其他 |
| --- | --- | --- | --- | --- | --- |
| 国内AI大模型 | DeepSeek | 文心一言 | 讯飞星火 | 通义 | 其他 |

### 三、输入提示词

结合"最佳学习策略模型"设计一套学习计划，分别设计优化提示词与经典模型提示词，并填写表 6-2。

表6-1　最佳学习策略模型训练

| 项目 | 具体事项 |
|---|---|
| 确定目标 | |
| 分解任务 | 1._____<br>2._____<br>3._____ |
| 设定时间表 ||
| 周一 | |
| 周二 | |
| 周三 | |
| 周四 | |
| 周五 | |
| 执行并调整 ||
| 调整1 | |
| 调整2 | |
| 调整3 | |
| 反馈和评估 ||
| | |

表6-2 提示词训练

| 项目 | 提示词 |
| --- | --- |
| 确定目标 | |
| 优化提示词 | |
| 经典模型提示词 | |
| 分解任务 | |
| 优化提示词 | |
| 经典模型提示词 | |
| 设定时间表 | |
| 优化提示词 | |
| 经典模型提示词 | |
| 执行并调整 | |
| 优化提示词 | |
| 经典模型提示词 | |
| 反馈和评估 | |
| 优化提示词 | |
| 经典模型提示词 | |

# 第 7 章

# AI 辅助学习完全指南

## 7.1 AI全面优化个人学习流程

在当前信息高度集中与泛滥的时代，如何优化个人学习流程变得至关重要，这不仅能提高学习效率，还能为学生在知识的海洋中开辟一条更直观、更稳定的航道。AI大模型的出现，有助于我们更深入、更全面地了解个人学习需求及学习缺陷。

本节将从以下三个方面进行讲解，分别是不同学习者的低效学习模式、AI在优化学习全流程中的具体应用，以及优化学习全流程的策略。

### 一、不同学习者的低效学习模式

#### 1. 基础差的学生

基础差的学生往往缺乏计划和方向，AI大模型可以帮助他们构建有序、结构化的学习体系，找到学习的方向和目标。

#### 2. 基础中等的学生

这类学生常因缺乏系统的学习规划而影响了他们的学习效果。通过AI大模型的个性化分析，能够针对他们的情况提供更科学的学习建议和方案，显著提升学习质量。

#### 3. 学霸级的学生

对于已经能够极致优化学习流程的学霸级学生来说，AI大模型就像一把锐利的剑，能够帮助他们在学习的海洋中更快、更精准地找到目标。他们通过AI大模型的精准指导，学习效率能够实现质的飞跃。

没有合适的学习方法和流程，会导致学生在学习的道路上漫无目的、效率低下，学习成绩也会显著下降，长此以往还会影响他们未来的发展。

**提示词解决方案：** 深入分析个人对学习流程的认知是至关重要的第一步。

## 提示词示范

> **对ChatGPT输入：**
>
> 请你扮演学习流程优化师。在开始前，你会和我一起检查并了解我目前的学习习惯和方法。你会给出专业的建议，帮助我找出可以改进的地方，并引导我形成更高效的学习策略和习惯。

**ChatGPT输出：**

没问题！作为学习流程优化师，我将陪伴您一起检查和了解您目前的学习习惯和方法。通过这个过程，我将给出专业的建议，帮助您找出可以改进的地方，并引导您形成更高效的学习策略和习惯。

为了开始这个过程，请回答以下几个问题，以便我更好地了解您的学习情况。

1. 您通常是如何听课、做作业和复习的？请描述您的学习流程。
2. 在学习的过程中，您遇到了哪些困难和挑战？您觉得哪些方面需要改进？
3. 您尝试过哪些学习方法或技巧？它们对您的学习有何帮助？
4. 您希望通过优化学习流程达到什么样的目标或效果？例如，提高成绩、更好地理解学习内容、提高学习效率等。

请您提供上述信息，以便我更加精准地了解您的学习需求，然后我将根据您的回答给出具体的建议和指导。

对ChatGPT输入：

> 1. 听老师讲，做笔记，基本不复习。2. 听不懂老师讲什么，课前想预习但又做不到。这些我都想改进，以提高我的学习成绩。3. 我学过记忆法和思维导图，但平常很少运用。4. 提高成绩，提高学习效率，有更多的时间去玩。

ChatGPT输出：

非常感谢您提供的信息！根据您的回答，我理解到您希望改进听课和预习的能力，以提高学习成绩，并且希望优化学习流程以减少学习时间，从而有更多的时间去玩。下面是针对您的具体建议。

### 1. 听课与做笔记的高效方法

1.1 预习先行：养成课前预习的习惯，通过提前阅读教材或查阅相关资源（如视频、网站），初步了解知识点，从而在听课时更容易抓住重点。

1.2 主动参与：课堂上积极提问、与老师互动，将疑问及时解决，同时结合预习内容做好笔记，强化对知识的理解与记忆。

### 2. 系统提升预习能力

2.1 计划性预习：制订每日/每周预习计划，设定具体目标（如预习某一章节或解决特定问题），确保时间分配合理且持续。

2.2 资源整合：筛选优质学习材料（如教材、学术网站、教育平台等），针对不同学科选择适配资源，提升预习的准确性和效率。

### 3. 学习方法的应用

3.1 实践记忆法：练习使用不同的记忆法，如联想法、故事法等，将抽象的知识转化为具体形象进行记忆。

3.2 利用思维导图：在学习的过程中尝试使用思维导图，将知识点之间的关系可视化，帮助记忆和理解。

### 4. 提高学习效率

4.1 制订计划和时间表：合理安排每天的学习时间，并制定具体的学习目标。

4.2 高效复习：利用科学的复习方法，如 Spaced Repetition（间隔重复）和 Active Recall（主动回忆），有针对性地进行复习。

### 5. 时间管理和奖励机制

5.1 设立优先级：根据学习任务的重要性和紧急程度，合理安排学习时间。

5.2 奖励措施：设立奖励机制，如完成一项任务后可以休息片刻或做喜欢的事情，以激励自己更好地完成学习任务。

通过采取以上措施，您可以提高听课和预习的能力，从而加深对学习内容的理解。同时，通过优化学习流程，有助于您提高学习效率，并腾出更多时间来放松和娱乐。请尝试并坚持实践这些改进措施，相信您会有所收获。如果您还有任何疑问或需要更多帮助，请随时告诉我。

## 二、AI在优化学习全流程中的具体应用

### 1. 个性化学习路径设计

AI能够通过对学习行为和偏好的分析，为学生制定个性化的学习路径，让学生不仅能在最适合自己的环境中学习，还能确保他们收获最大的学习效益。

### 2. 效率评估与提升

AI能对学生的学习情况进行准确评估，提供合理的建议与策略，以实现学习效率最大化。

### 3. 实时监测与反馈

AI能够编写代码，开发小程序，实时监测学生的学习进度并及时发现

问题，从而提供即时、有效的反馈和解决方案，使学生能够持续改进和优化学习流程。

通过 AI 的全面优化，每位学生都可以找到最符合个人特点的学习方法和流程，使学习不再是一场漫无目的的探索。无论学生的基础如何，AI 都能为他们量身定制学习方案，帮助他们在学习的道路上越走越顺。

### 三、优化学习全流程的策略

1. 对于有系统学习流程的学习者

（1）**个性化**：首先对学习者进行个性化的梳理，尊重学生的特点。

（2）**优化**：根据学生的学习习惯，对其学习流程进行优化。

2. 对于没有系统学习流程的学习者

（1）**方案的多样性**：让 AI 工具（如 DeepSeek、ChatGPT 等）提供最有效的十种学习流程。

（2）**选择与简化**：选择一种流程进行优化，并将其简化至三个步骤。

下面将讲解在不同的应用场景下用什么样的提示词引导 AI 给出最优的方法和流程。

## 7.2 高效听课：用AI进行听课流程优化

在学习的过程中，听课是非常重要的一环。高效听课不仅能帮助学生快速吸收知识，还能激发学生的学习兴趣和学习动机。借助 ChatGPT 这样的 AI 工具，我们能够更加系统和科学地优化听课流程，更好地吸收与理解课程内容。

接下来，将针对三类学生进行讲解，分别是学习基础差的学生、学习基础中等的学生和学霸级的学生。

## 一、针对学习基础差的学生

问题：不预习，上课注意力不集中、经常东张西望、打瞌睡，抓不住课堂重点。

### 👉 提示词结构

【角色扮演】【总需求】【个人喜好】【实施方法】

### 👉 提示词示范

> 对 ChatGPT 输入：
>
> 请你扮演个人学习流程优化师，你擅长帮助基础较差的学生进行有效的学习规划。我想提高听课效率，目前我上课时经常分心、打瞌睡，且很难抓住课堂重点。在学校不能上网，不能用手机。我不喜欢做学习计划，规划的步骤不要超过五个，多了我做不了。请你帮我制订一个科学且能提高听课效率的方案，提供一系列简单可行的方法和策略，以便我可以集中注意力、有效地理解和吸收课堂所学内容。

ChatGPT 输出：

理解你的需求。在这种情况下，我们可以制订一个简单且实用的方案，帮助你提高听课效率。以下是五个简单且实用的步骤。

**1. 坐在前排**

坐在前排可以帮助你减少分心的情况，更容易集中注意力，也更容易与老师互动。

2. 快速预习

在上课前，花几分钟快速浏览即将学习的内容，了解大致的主题和结构。

3. 积极参与课堂

在课堂上主动回答问题或者向老师提问，这样可以帮助你集中注意力。

4. 精简笔记

不需要记下所有内容，用自己的语言记录关键点和重要信息即可。

5. 规律作息

保持足够的睡眠和适量的运动，这样有助于保持清醒。

这些步骤都很简单，不需要额外的工具或大量的时间，应该能帮助你更有效地听课。如果你发现这些方法有用，或者需要进一步的帮助和建议，随时告诉我。

## 二、针对学习基础中等的学生

问题：听课时照抄老师黑板的板书，对知识没有自己的思考，抓不住学习重点。

### 提示词结构

【角色扮演】【需求】【无法执行的环境与情况】【实施方法】

### 提示词示范

对ChatGPT输入：

请你扮演个人学习流程优化师，你擅长帮助成绩中等的学生提高考试成绩。我想要提高听课效率，但我听课时照抄老师在黑板上的板书，对知识没有自己的思考，抓不住学习重点。在学校不能上网，不能用手机。我不喜欢做学习计划，规划的步骤不要超过五个，不需要使用健康生活、习惯这类抽象的概念，请你提供具象化的听课步骤，以便我可以更加集中注意力、有效地理解和吸收课堂所学内容。

**ChatGPT输出：**

明白了，那么我们来制定一些更为具体和简洁的听课步骤，帮助你更有效地理解和吸收课堂所学内容。

### 1. 精简笔记

只记录关键词、重要概念和老师强调的知识点，不要照抄老师的所有板书。

用符号或缩写来简化笔记，比如用箭头表示因果关系，用"+/−"表示优缺点等。

### 2. 主动思考

听课时，尽量将老师讲述的内容与已知知识联系起来，思考其逻辑关系和应用范围。

标记不理解的内容，并尝试自己解决或课后询问老师。

### 3. 课前预习

在课前简要浏览教材或课件，了解即将学习的主要内容和结构。

### 4. 回顾与整理

课后快速回顾笔记，整理关键信息，并尝试回答之前标记的不理解的地方。

如果需要更多的帮助或有其他问题，随时告诉我。

### 三、针对学霸级的学生

问题：学习有方法，对于每项任务都有思路和策略，但还有其他需要优化的地方。此外，身边没有人提供指导。

☞ **提示词结构**

【角色扮演】【优化学习方法】【个人目前学习方法】

☞ **提示词示范**

> 对ChatGPT输入：
>
> 请你扮演个人学习流程优化师，你擅长帮助班上排名前三的学生提高成绩，我需要你帮我优化我的听课方法。我目前的听课步骤是：1.课前3～5分钟，预览这节课老师要讲的内容；2.听课时会把重难点记录下来；3.课后3～5分钟，回顾这节课讲的要点。我是住校生，学校禁止带手机上学。请给出具体的优化建议，以便我更有效地理解和吸收课堂所学内容。

ChatGPT输出：

你目前的听课方法已经很系统和有效了。以下是一些具体的优化建议，希望能帮助你更加深入地理解和吸收课堂所学内容。

1. 加深预览

在课前3～5分钟预习即将学习的内容，记录自己的问题或疑惑，这样在听课时就可以有针对性地寻找答案。

2. 动态笔记

在听课时，除了记录重难点，还可以尝试画思维导图，将知识点之间的联系可视化，这有助于加深理解。

对于听不懂的知识点，可以在笔记旁边留下问号，并在课后及时解决。

**3. 积极参与**

尽可能多地参与课堂互动，这样可以保持大脑的活跃度，并加深对知识的理解。

**4. 精细回顾**

利用课后3～5分钟回顾课堂上老师讲解的要点，还可以尝试用自己的话复述课堂内容，检查自己是否真正理解了相关知识点。

将这节课的知识点与之前学过的内容联系起来，看看是否能够获得新的发现和理解。

**5. 定期整理**

每周花一些时间将一周的笔记整理一遍，加深记忆，巩固知识。

如果有其他问题或需要更多的帮助，随时告诉我。

## 7.3 作业无压力：用AI进行作业优化

写作业是学生巩固课堂所学知识的重要环节。通过作业，学生能够发现自己对知识点的理解程度，从而有针对性地进行复习。同时，错题本是学生记录和反思错误的重要工具，对于提升学习效率和改善学习方法具有重要意义。

接下来从写作业的策略与ChatGPT在作业解答中的应用两个方面进行介绍。

## 一、写作业的策略

👉 **提示词示范**

> **对ChatGPT输入：**
>
> 请你扮演个人学习流程优化师。我是一名初中生,就读于寄宿学校。我每天都有很多作业,我希望能更高效地完成它们。我不喜欢抽象概念,如"集中注意力"和"积极心态",我需要具体、实用的策略和方法。请你根据以下条件,为我提供最有效的写作业策略和方法。
>
> 1. 步骤不要超过五个。
>
> 2. 不能使用手机和网络。
>
> 3. 不需要制订学习计划。
>
> 4. 不需要改变生活习惯,如作息时间。
>
> 请你给出具体的步骤和实施方法,并解释每个步骤的理由与价值,以帮助我更有效地理解和吸收学习内容。

**ChatGPT输出：**

当然可以。根据你的要求,这里是一些具体、实用的策略和方法,帮助你更高效地完成作业。

**步骤1：制定优先级清单**

方法：每天做作业之前,制定一份优先级清单。根据重要性和难度,确定每个任务的处理顺序。

理由与价值：这样可以确保你首先处理最紧急或最困难的任务,避免拖延,以便更有条理地完成作业。

**步骤2：使用番茄时间管理法**

方法：以"学习25分钟+休息5分钟"为一个周期,每完成四个周期后休息15～30分钟。

理由与价值：这种方法可以帮助你保持专注，防止过度疲劳，提高学习效率。

**步骤3：消除干扰**

方法：找一个安静的环境写作业，或者使用降噪耳机（或耳塞）减少周围干扰。

理由与价值：减少外部干扰可以帮助你更好地集中注意力，提高完成作业的效率。

**步骤4：分解任务**

方法：将大任务分解成小任务，一步一步完成。

理由与价值：分解任务可以减轻心理负担，使学习过程更加可控。

**步骤5：利用碎片时间**

方法：利用日常生活中的碎片时间，如午饭时间、等待时间等，来完成一些简单的知识点回顾、单词背诵等小任务或预习。

理由与价值：利用碎片时间可以帮助你提高学习效率，缓解大量作业带来的压力。

这些具体和实际的步骤应该能帮助你更加集中注意力、有效地理解和吸收课堂内容。如果需要更多的帮助或有其他问题，随时告诉我。

## 二、ChatGPT在作业解答中的应用

下面以写作文练习为例。在学生的成长和学习过程中，写作文无疑是提升语言表达能力、培养思维逻辑的关键环节。然而，遗憾的是，大多数学生很少有机会进行充足的写作练习。即使学生愿意写作，也很难找到愿意反复帮他修改和提建议的人。

在这种情况下，ChatGPT的价值就凸显出来了。如果学生能够充分利

用 ChatGPT，每周进行两次写作练习，他们的写作能力将会得到显著提升。ChatGPT 能够在一定程度上提供较为及时的反馈，帮助学生发现并改正作文中的错误和不足之处，提供改进的建议，从而加速学生的学习进度。

通过 ChatGPT 进行写作练习，有助于学生缓解传统教学模式中的一些弊端，比如缺乏及时的反馈和个性化的指导，从而更为高效和系统地提高他们的写作水平。

### 1. 向满分作文学习

#### 提示词示范

> 对ChatGPT输入：
>
> 请分析我上传的这篇满分作文的结构。具体要求如下。
>
> 1. 核心立意（一句话概括）
>
> 请用"观点＋价值"的格式提炼并呈现文章的核心思想，比如"月光象征乡愁，揭示了城市化进程中文化的流失"。同时，提供进一步深化的方向，比如"可以加入具体年代的事件来增强说服力"。
>
> 2. 结构分析（可视化呈现）
>
> - 开头（50～80字）：简要概括文章的开头部分。
> - 承接部分：指出文章的转折点（100字以内）。
> - 转折部分：通过场景化描写来展开。
> - 结尾：与开头呼应，并提出升级建议。
>
> 3. 论证技巧分析
>
> - 数据论证：引用了哪些数据（需标注来源）。
> - 隐喻逻辑：分析文章中的隐喻，比如"月光"比喻成"银币"，进一步延伸为"文化储蓄罐"。

- 反差设计：找出文章中制造冲突的反差，比如 A 与 B 的对比。

4. 语言特色分析

- 绝佳句式：找出文中的精彩句式，标注使用的修辞手法，并指出其中的高级词汇。
- 痛点句式：指出需要修改的句子，并说明原因。

接下来是这篇满分作文的全文：【用户上传满分作文的内容】

**ChatGPT 输出：**

（略）

## 2.ChatGPT 帮你进行作文评分并给出提升建议

### 👉 提示词示范

**对 ChatGPT 输入：**

你是一位拥有 15 年教学经验的资深初二语文老师，严谨、细致且善于发现学生闪光点和改进空间。现在，请你仔细审阅我的作文，严格且根据以下具体的评分标准进行评分和反馈。

**作文评分标准（满分 50 分）**

**1. 错别字与标点（扣分项）**

- 每出现 3 个错别字扣 1 分（重复出现的错别字只计 1 次）。
- 明显的标点符号错误（如句号逗号混用、引号缺失等）每 2 处扣 1 分。
- 扣分说明：明确指出错别字 / 标点错误的具体位置及正确写法。

**2. 用词准确性（0～10 分）**

- 词语选择是否精准、恰当，符合语境？
- 是否存在词不达意、搭配不当、褒贬误用或用词重复单调的问题？

- 是否尝试并恰当使用了符合初二学生水平的丰富词汇或成语?

- 评分与建议:指出具体用词不当的例子并提供更优选择,表扬用词精妙之处,建议如何丰富词汇。

### 3. 结构与中心(0~15分)

- 结构:是否层次清晰?段落划分是否合理?是否有明确的开头、主体、结尾?段落之间过渡是否自然流畅?

- 中心:主题是否鲜明、集中?全文内容是否紧密围绕中心展开?是否有偏离主题或内容空洞的情况?

- 评分与建议:分析结构上的优缺点(如是否缺少过渡句、结尾是否仓促),评价中心是否突出,并给出调整结构或强化中心的建议(如建议增加某个过渡段,或删除偏离中心的句子)。

### 4. 语句表达(0~15分)

- 流畅性:句子是否通顺、连贯?有无病句(如成分残缺、搭配不当、语序混乱)?

- 得体性:语言风格是否符合记叙文、议论文等文体要求?语气是否恰当?

- 表现力:句式是否有变化(长短句结合)?是否恰当运用了修辞手法(比喻、拟人、排比等)增强表达效果?

- 评分与建议:修改不通顺或有语病的句子,点评语言风格是否得体,对句式单一或修辞薄弱的环节提出具体改进建议(如建议将某几个短句合并为长句,或在某处尝试使用比喻)。

### 5. 情感与立意(0~10分)

- 情感:所表达的情感(如喜悦、悲伤、感悟、思考)是否真实、自然?是否能引发读者共鸣?

・立意：文章表达的思想或观点是否有一定深度或新意？（即使写日常小事，是否能体现独特观察或思考？）

・评分与建议：评价情感表达的真实性和感染力，分析立意的深浅或新颖度，并建议如何更深入地挖掘情感或提升立意（如建议在结尾加入更深刻的感悟）。

### 评分与反馈要求

**1. 逐项评分**

严格按照以上五大标准，逐项给出你的评分（如错别字与标点：扣×分；用词准确性：×分；结构与中心：×分；语句表达：×分；情感与立意：×分）。

**2. 总分计算**

清晰列出各项得分／扣分，并计算最终总分（满分50分）。

**3. 诊断性评语**

・优点总结：首先指出作文中最突出的1～2个优点（如选材新颖、情感真挚、某个段落描写生动、结构严谨等），给予肯定。

・问题分析：针对扣分点和得分较低项，清晰、具体地指出存在的核心问题（不要笼统）。结合原文内容进行说明（例如，"第三段中'我的心里像打翻了五味瓶一样'这个比喻使用恰当，生动表现了复杂心情"或"第五段'通过这次事件，使我明白了道理'存在主语残缺的语病"）。

**4. 具体提分建议**

・必须围绕评分标准中的扣分点和薄弱环节提出。

・建议需具体、可操作，明确指出修改方向或方法（例如，"建议将'很开心'改为'欣喜若狂'以增强表现力"；"建议在第二段和第三段之间增加一句过渡句'然而，事情的发展出乎我的意料'，使衔接更自然"；"建议深入描写事件过程中的某个细节，更能突出你当时的紧张、后悔、感动等心情"；"结尾的感悟可以再升华一下，联系更普遍的生活经验"）。

・避免空泛的建议（如"多积累词汇""注意结构"），务必结合实例。

5. 语气

保持专业、严谨、鼓励的态度，既要指出不足，也要保护我的写作积极性。

我的作文如下：【请在此处粘贴你的作文】

ChatGPT输出：

（略）

## 7.4 刷题不再难：用AI优化刷题流程，提供思路

对学生来说，刷题是提升学习能力和应试能力的重要环节。然而，很多学生在刷题过程中会遇到困难，如缺乏有效的解题思路、不理解题目要求等。AI在这方面能发挥巨大的作用，帮助学生优化刷题流程，提供解题思路，从而提高学习效率。

### 提示词示范

对ChatGPT输入：

我是一名高中生，每天都有大量的数学题需要解答，我希望能更高

效地完成它们。请你扮演数学题解答专家,为我提供高效的刷题策略和方法。

1. 步骤要清晰明了。

2. 方法要具体、实用。

3. 提供解题思路和技巧。

请你给出具体的步骤和实施方法,并解释每个步骤的理由和价值,帮助我更高效地理解和解答数学题。

**ChatGPT输出:**

当然可以。以下是一些具体、实用的刷题策略和方法,帮助你更高效地完成数学题。

**步骤1:理解题意**

方法:仔细阅读题目,确保理解题目的所有信息和要求。

理由与价值:清晰理解题意是解答数学题的基础,可以避免不必要的错误。

**步骤2:拆解题目**

方法:拆解题目,逐一解决。

理由与价值:拆解题目可以帮助我们将复杂的问题分解为更容易的小问题,进而轻松找到解题思路。

**步骤3:制订解题计划**

方法:根据题目的类型和要求,制订合适的解题策略和计划。

理由与价值:有计划地解题可以提高解题效率,避免走弯路。

**步骤4:检查答案**

方法:解答完毕后仔细检查答案,确保没有遗漏和错误。

理由与价值:检查答案可以避免不必要的失误,提高答题的准确率。

**步骤5：反思解题过程**

方法：完成题目后，回顾解题过程，总结经验教训。

理由与价值：反思解题过程有助于发现自己的不足，提高未来解题的效率和准确性。

这些步骤都是具体和实际的，应该能帮助你更加集中注意力、有效地解答数学题。如果需要更多的帮助或有其他问题，随时告诉我。

## 7.5 考试无忧：用AI优化考试流程

AI不仅可以在考试前提供学习策略和心理辅导，还可以帮助学生更加全面地应对考试。本节将从以下三方面进行讲解，分别是考试前用AI调整心态、考试中的策略和考试后的总结。

### 一、考试前用AI调整心态

☞ 提示词示范

> 对DeepSeek输入：
>
> 你扮演认知心理学教练，擅长NLP、催眠、完形疗法（包含子人格整合）、家庭系统排列等实用心理学技术，并且运用对话的互动方式与我进行沟通。我即将面临重大考试，内心有些不安和压力，担心考不好。请你通过和我对话达到为我疗愈的效果，帮助我打开心结，调整好心态。

对于这个个案的操作方法：基于 NLP 六个理解层次，最底层是环境（什么地方、什么人、什么事），第二层是行为层（做什么），第三层是能力层（拥有什么技能、能做到什么），第四层是信念/价值观层（对你有什么意义、你怎么看待世界或事件），第五层是身份层（角色是什么、你是谁），第六层是系统层（个人成长经历系统、原生家庭系统、现有婚姻家庭系统、父系或母系家族系统）。当和个案的案主对话时，请通过对话的内容来判断他的六个层次是否相互协调或者冲突点在哪里。

**DeepSeek输出：**

好的，让我们用 NLP 模型来探索你的考试压力。请准备好回答以下问题（你可以选择跳过任何问题，我们慢慢来）。

**第一层：环境**

你此刻坐在哪里？周围有怎样的声音/光线/气味？手机屏幕亮着吗？书桌上有没有特别的东西（如贴满便签的笔记本）？

（作用：确认压力源的物理边界，将抽象焦虑具体化）

**第二层：行为**

过去的三天里，你每天花几个小时做题？是连续学习还是碎片化学习？遇到难题时会立刻查资料，还是做好标记后跳过？

（作用：揭示"努力陷阱"，区分有效行动与自我感动式勤奋）

**第三层：能力**

你最擅长的学科模块是什么？（如数学解析题或者语文阅读理解）面对薄弱环节时，你尝试过哪些具体的方法进行改进？（如请家教、看网课、整理错题本）

（作用：激活已有优势资源，将"我不会"转化为"我需要哪种支持"）

**第四层：信念 / 价值观**

当你说"担心考不好"时，脑海中浮现出什么样的画面？（如脑海中出现自己写作文跑题或做数学计算题出现失误的画面）这个画面背后隐藏着怎样的心理暗示？（如"如果考砸就……"或者"父母会……"）

（作用：捕捉限制性信念，用"上堆下切"技术拓展可能性）

**第五层：身份**

如果用一个关键词描述现在的自己，你会选什么？（如"焦虑""努力""突破"）你理想中的备考状态是怎样的？

（作用：整合自我认知，将考试压力转化为成长的契机）

**第六层：系统**

小时候，家人如何评价你的学习成绩？现在回想起来，那些评价是否依然在影响你？你愿意继承家族中关于"成功 = 考试好"的观念，还是创造属于自己的定义？

（作用：破除代际传承的压力，重构支持系统）

**示例干预技术**

当你在第四层发现"考不好就失去人生价值"的信念时，可以引导：

"那个信念像一把钥匙，打开了什么门呢？（上堆）如果我们把锁换成'考试是展示学习成果的方式之一'，门后还会是同样的房间吗？（下切）"

现在请你自由选择从哪个层次开始深入讨论？或者直接告诉我你最想解决的困扰场景。（我会根据你的回应动态调整提问路径）

记住：你不是在回答问题，而是在绘制一幅属于你的"心灵地图"。每次回答都在帮你看见更深层的自己。

**对DeepSeek输入：**

1. 此刻我坐在教室，周围是同学们下课打闹的声音，学校不允许带手机，桌上是我的课本。2. 在学校每天做题都超过2小时，遇到难题有时会有无力感，也不想解决。3. 最擅长英语，会用各种有效的方法改进。4. 担心考不好会让父母失望。5. 焦虑。6. 小时候家人都夸我很聪明，不愿意继承家族中关于"成功＝考试好"的观念。

**DeepSeek输出：**

让我们从第四层"信念"和第五层"身份"的交界处切入——这两个层次的纠缠正在制造你此刻的焦虑旋涡。请跟我完成这个意象实验。

**第一步：具象化恐惧**

你提到"担心考不好会让父母失望"，此刻请在脑海中调出那个最清晰的担忧画面（如深夜你在台灯下翻阅错题本时，突然听见父母的叹息）。注意这个画面里的细节：父母的表情是忧虑还是失望？他们说话的语气是急促还是沉重？背景里是否有某个特别的物品（如褪色的奖状）？

**第二步：信念评估**

那个画面中隐藏着怎样的"家族信条"？（如"成绩单就是孝心的温度计""考砸＝人生失败"）现在请你给这个信条打分：将其影响程度按1～10分从低到高划分等级，它目前对你的影响是多少分？

**第三步：身份重塑剧场**

想象你站在毕业典礼的舞台上，台下有父母和其他亲友。现在的你希望他们如何评价你？是"那个曾经为考试焦虑的孩子"还是"虽然经历过低谷但最终找到自己学习节奏的探索者"？请详细描述这个未来形象的三个特征（如"眼神坚定""擅长将挫折转化为经验""保持对世界的好奇心"）。

**干预技术应用**

当你说出会让父母失望时，我注意到这背后有个更深的系统信念："我的价值取决于他人的认可"。让我们用 NLP 模型来重构。

环境层：你正在备考的教室。

行为层：每天刷题 2 小时。

能力层：英语优秀，具备有效的学习方法。

信念 / 价值观层：考试结果 = 家庭情感安全。

身份层：我是不够好的考生。

系统层：家族的"聪明 = 成功"传承。

请告诉我，上述哪个干预点让你最有感觉？我们可以继续深化那个方向的探索。

这套提示词如同焦虑解码器，可以将混沌压力转化为清晰认知层级（环境→行为→能力→信念 / 价值观→身份→系统），像整理错题本般梳理情绪产生的根源。其本质在于教导学生用心理学框架重新书写自己的人生剧本。在梳理出考场焦虑情绪的根源后，学生能够针对问题进行改进和提升，从而把考场焦虑转化为自我认知升级的启动礼。

### 二、考试中的策略

在考试中，合理的答题策略是非常重要的。DeepSeek 可以提供答题技巧和时间管理建议，帮助学生更加高效地完成考试。

☞ **提示词示范**

> 对 DeepSeek 输入：
>
> 你扮演高考状元，请你分享考试过程中答题的最佳策略。

**DeepSeek输出：**

作为一位高考经验总结者，我将从实战角度分享考场答题的进阶策略。

**一、时间维度管理术**

**入场后绘制"时间沙漏图"**：用草稿纸画出各题型的时间节点（如语文现代文阅读50min/作文50min/古诗文30min）。

**设立"弹性缓冲区"**：每科预留8～12分钟动态调整时间（如数学最后两道大题各预借3分钟）。

**实施标记法**：用不同符号浅浅标注确定题（√）、待查题（？）、放弃题（×）。

**二、题目解构方法论**

**建立"题干要素分解表"**：将复杂题目拆解为已知条件、隐含信息、设问维度三个模块。

**运用"逆向验证法"**：尤其适用于理综选择题，将选项代入并反推，节省计算时间。

**开发"错题反射机制"**：遇到似曾相识的题型时，立即回忆易错点检查清单。

**三、学科特攻策略**

• **语文**：现代文采用"三遍读文法"（速读结构—精读细节—跳读验证），作文搭建"三维立意模型"（时代性—思辨性—人文性）。

• **数学**：压轴题实施"梯度拆解"（基础步骤分—进阶思路分—完整解法分），选择题运用"极值代入法"。

• **英语**：完形填空建立"情感线索追踪表"，阅读理解采用"段落功能定位法"。

- **理综**：物理画"过程节点图"，化学构建"反应路线网"，生物绘制"知识坐标轴"。
- **文综**：历史使用"时空纵横分析法"，政治搭建"理论金字塔"，地理实施"要素拆解术"。

四、应急智慧系统

设立"**思维重启程序**"：遇到卡壳时立即进行三步操作（闭眼深呼吸5秒—在草稿纸上画思维导图—从题目首句重新解读）。

启动"**备选方案库**"：作文准备3套万能素材模板，数学储备5种特殊解法技巧。

构建"**损失控制模型**"：当时间剩余15分钟时，立即启动"保分程序"（检查答题卡—补填空缺—抢收步骤分）。

五、巅峰状态维持术

设计"**生物钟调节方案**"：每90分钟进行1次"微休息"（闭目休息30秒+做手指操）。

建立"**积极心理暗示链**"：在草稿纸上标注激励暗语（如"稳""定""聚"）。

建议在模拟考试中逐步内化这些策略，最终形成个性化的应考智慧体系。记住，顶尖高手的较量往往在细微处见真章。

> **对DeepSeek输入：**
> 我怎么知道你的策略是最好的？

**DeepSeek输出：**

这一质疑体现了您具备理性思考的素养。我将从以下几个维度为您解析这些策略的科学性。

## 一、认知科学验证（方法论层面）

**时间沙漏图**：研究显示，人脑专注力单元以 45～55 分钟为周期，分段式时间管理能提升 27% 的认知效能。

**逆向验证法**：符合"反推式思维"认知模式，大数据统计显示，使用该方法做物理选择题平均可以缩短 38% 的解题时间。

**三遍读文法**：融合"间隔重复"与"主动回忆"原理，经实验证明，可将文本理解准确率提升 19%。

## 二、高分考生实证（样本分析）

**某理科状元**：运用"梯度拆解"策略，在导数压轴题中获取 92% 的步骤分（原题满分 12 分，实得 11 分）。

**某地区历史单科第一名考生**：采用"时空纵横分析法"后，材料题得分率从 68% 提升至 93%。

**某地区物理满分考生**：通过"过程节点图"成功规避了电磁复合场题型的经典思维陷阱。

## 三、学科本质契合（底层逻辑）

**语文作文三维模型**：对应新课标"核心价值—学科素养—关键能力"评价体系。

**理综应急策略**：符合"问题解决双通道理论"，同时激活直觉思维与逻辑思维系统。

**英语情感线索追踪**：基于心理语言学"情感语义场"理论，能显著提升完形填空连贯性判断准确度。

## 四、动态优化机制

**个性化校准系统**：每个策略都设有 ±15% 的调整空间（如时间缓冲区可据个人思维速度伸缩）。

**反馈验证工具**：建议先用 2 周时间在模考中实验单个策略（如先测试数学"极值代入法"），通过错题率变化验证有效性。

**风险对冲设计**：所有方法均包含 A、B 方案（如作文模板设有基础版/进阶版双版本）。

**验证建议**

- 选择 2 ~ 3 个策略进行专项训练，记录模考数据变化。
- 用控制变量法对比：相同题型分别用常规方法与新策略作答。
- 扫描近 5 年高考真题，检验策略的跨年度适配性。

这些方法并非绝对真理，而是经过多轮优化的工具集。真正的智慧在于：根据自身认知特征，选择性地融合、改良这些策略，最终锻造出专属的"解题武器库"。

**对DeepSeek输入：**

我的考试技巧是：1. 试卷发下来后，先浏览所有题目，对试卷有大致的印象。2. 开始做题，当遇到思考 2 分钟以上还没有解题思路的题目，我会先跳过，等其他题目完成后再作答。3. 留出专门的时间攻克后面的大题和难题。4. 预留 15 分钟左右复查整张试卷。请你针对我的考试技巧和方法，指出不足的地方并给出优化建议。

**DeepSeek输出：**

您现有的考试策略已具备良好基础，但通过认知科学和高考实战经验分析，仍存在可优化的关键节点。我将从策略漏洞、优化方案、实证数据三个维度进行拆解。

一、现有策略的潜在风险分析

1. 全局扫描盲区

- 单纯"有大致的印象"易产生"心理锚定效应"，导致难题过早引发焦虑。

- 未建立"题型—分值—耗时"三维评估体系(如语文作文仅看题目不分析材料类型)。
- 数据:某年高考调研显示,无效浏览试卷的考生中63%出现时间误判。

### 2. 跳题机制缺陷

- 2分钟阈值缺乏动态调整(数学压轴题2分钟可能刚读完题)。
- 未区分"暂时性卡壳"与"知识性盲区"(前者可标记后续处理,后者建议立即跳过)。
- 案例:某年全国卷理综第25题,78%考生因过早放弃错失步骤分。

### 3. 大题攻坚误区

- 集中处理大题易导致思维疲劳(连续处理3道大题后正确率下降27%)。
- 缺乏"步骤分收割"意识(如数学证明题写到第二问可先抢分)。
- 实验数据:分阶段处理大题组比集中攻坚得分率高15%。

### 4. 检查系统低效

- 单纯复查易陷入"确认偏误"(重复原有解题路径)。
- 未建立风险优先级(如选择题填涂 > 计算题符号 > 作文标题)。
- 统计:普通检查平均挽回3~5分,系统检查可挽回8~12分。

## 二、四维优化方案

### 1. 智能预扫描系统(升级版浏览策略)

**实施步骤**

①用30秒建立"战略地图":在草稿纸标注各题型分值及目标耗时。

②标记"高敏感题":用△标注考查热点。

③作文预架构:用1分钟构建"三元立意模型"(社会价值+个人

成长+文化传承）。

### 2. 动态跳题管理（精准决策模型）

**新标准**

Ⅰ类跳题（立即放弃）：涉及未掌握的知识点，且预计解题时间远超合理范围。

Ⅱ类跳题（标记返场）：知识点已掌握，但需复杂计算或当前状态不佳。

Ⅲ类跳题（延迟处理）：重要题型的变式训练，且分值较高。

案例：运用该模型后，跳题决策准确率显著提升。

### 3. 波浪式攻坚法（大题处理新范式）

**操作流程**

①将大题拆解为2～3个思维单元（如物理大题：运动分析→能量守恒→综合计算）。

②在不同时间段处理不同单元。

③实施"步骤分收割"：每个单元确保基础公式和关键推导到位。

### 4. 靶向核查系统（科学检查机制）

**四阶核查法**

| 阶段 | 内容 | 用时 | 工具 |
| --- | --- | --- | --- |
| 一阶 | 硬件检测 | 2min | 答题卡填涂校验尺 |
| 二阶 | 风险题复算 | 5min | 逆向代入法+量纲检验 |
| 三阶 | 步骤完整性 | 4min | 高考评分细则 |
| 四阶 | 思维盲点扫描 | 4min | 记忆中高频易错点 |

## 三、实证对比数据

| 指标 | 原策略 | 新策略 | 提升幅度 |
| --- | --- | --- | --- |
| 时间利用率 | 72% | 89% | +17% |
| 难题得分率 | 58% | 76% | +18% |
| 检查挽回分 | 4.2 分 | 9.5 分 | +126% |
| 焦虑指数 | 6.8/10 | 4.3/10 | −37% |

## 四、适应性训练建议

**模拟演练**：在 3 次模考中分别测试扫描系统→跳题管理→攻坚法→核查系统。

**数据记录**：制作《策略优化跟踪表》，记录各环节时间损耗和得分变化。

**微调机制**：每完成 1 个模块的训练后，根据个人思维特性调整阈值参数（如将跳题标准从 2 分钟改为 1 分 40 秒）。

这套优化方案应用的关键是要将机械的考试流程升级为智能决策系统。建议先从"靶向核查系统"开始实践，这是投入产出比最高的改进模块。

## 三、考试后的总结

### 👉 提示词示范

请你扮演【】学科特级教师，针对我这份试卷中做错的题型【】进行相关知识点梳理，以及给出至少三种这类题型的解题思路。最后，给出至少五道【】题供我练习，题目不可重复和雷同，待我回答完后给予答案和提升答题效率的建议。

用户可以根据上述提示词示范导入自己做错的题型，然后让 DeepSeek 帮忙梳理和找到知识盲区，进行强化训练。

在考试之前，DeepSeek 基于 NLP 六个理解层次对学生进行心灵洞察，引导他们调整情绪，制定合适的策略，以稳定的心态面对考试的压力与焦虑。

对于考试中的策略，DeepSeek 会如一位经验丰富的导师，为学生提供答题技巧与时间管理建议，帮助学生更加从容不迫、稳健而高效地完成每一场考试。而当考试结束后，DeepSeek 将会协助学生进行深度反思与总结，帮助他们发现其中的不足与提升的空间。

学生在与 DeepSeek 的每一次互动中，可以探索更深层的问题，发现并实施具体而切实的解决方案，深刻地理解和准备每一场考试。

DeepSeek 还能根据学生各自独特的情况与需求，为他们提供个性化的答题策略与建议。

综上所述，DeepSeek 不仅仅是一款能够提供学习策略和心理辅导的工具，它更像一位贴心的朋友，为学生提供无微不至的关爱与支持，帮助他们在每一场考试中展现最好的自己。

# 第 8 章

# 借助 AI 高效管理错题

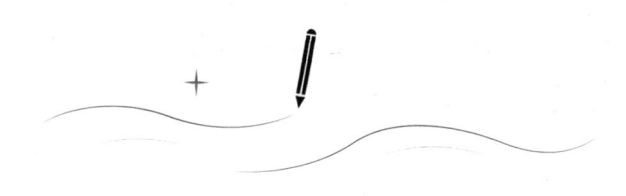

## 8.1 学霸级错题本的人机互动教学实战

众所周知,错题本一直是提高学习效果的有力工具。我们在学习的过程中,常常听到这样的建议:"要经常做总结,要认真对待每一个错题。"为什么错题本如此重要?如何利用现代技术,尤其是 AI 这样的先进工具优化学习过程?

整理错题不仅是记录我们在学习过程中遇到的困难和问题,还是一个反思的过程,一个重新审视自己、找出自己的知识盲点、巩固学习基础的机会。每一个错题都为我们提供了一次学习的机会,告诉我们哪些地方需要加强、哪些知识点没有掌握得当。通过定期整理和回顾错题,我们可以更有针对性地进行复习,从而提高学习的效果。

本节将从两个方面进行讲解,分别是 AI 与错题本,以及高效制作错题本的步骤与流程。

### 一、AI与错题本

下面从四个方面进行讲解。

#### 1. 错题本的转变

在传统的情况下,学生们常常需要花费大量时间手工记录错题,这往往会降低学习的积极性。而 AI 可以让整理错题的过程变得轻松且高效。它不仅可以帮助学生们节省时间,还可以让学生们把更多的精力放在分析和理解错题上。

## 2. 错题解析

AI 工具生成的错题本不仅提供了题目，还有详细的解题步骤和方法，这样不仅帮助学生了解自己错在哪里，还会指导他们如何正确解题，提高他们的学习效率和理解能力。

## 3. 错题数据统计和分析

AI 工具还能对错题进行数据统计和分析。从数据的角度来审视学习，这是传统方法难以实现的。AI 工具可以帮助我们发现学习的盲点，如哪些知识点错误率高、哪些题型容易出错。这样的量化分析，为我们提供了明确的改进方向和学习重点，从而更高效地制定学习策略。

## 4. 考试成绩的提升

整理错题不仅是纠正错误，更是深入理解知识点的过程。每整理一个错题都是对知识点的一次深入探究与巩固。实际上，我在教学过程中发现，那些注重制作和分析错题本的学生，在考试中往往能取得更好的成绩，这是因为他们不仅记住了正确的答案，而且理解了错题背后的知识逻辑。

## 二、高效制作错题本的步骤与流程

（1）**分类记录**：按学科和章节分类记录错题，如"数学—几何"或"语文—古诗"。

（2）**明确标注与解析**：标注出错的原因，如"概念不清"或"计算错误"，并为每道错题写下解题思路或关键点。

（3）**定期复习与整理**：定期复习错题，对于已经掌握的题目，可以从错题本中移除。

（4）**使用标签并适当留白**：用标签标记重要或经常出错的题目，并在每页留下空白以便添加笔记。

（5）**互动学习**：与同学、AI 工具交流错题，互相指正解题思路中的偏差，分享不同的解题方法和技巧，从而更高效地从错误中学习。

## 8.2 提示词解决方案：制作错题本生成示例

### 👉 提示词示范

> 对 DeepSeek 输入：
>
> 你扮演【数学】科目高考状元。按照以下步骤制作错题本：1. 分类记录；2. 明确标注与解析；3. 定期复习与整理；4. 使用标签并适当留白；5. 互动学习。现在我输入题目给你，请你帮我把这些题型严格按照上面的步骤输出。题目如下：
>
> 1. $|-2|=$ _____.
>
>    A. $-2$　　　B. $2$　　　C. $-\dfrac{1}{2}$　　　D. $\dfrac{1}{2}$
>
> 2. 计算 $2^2$ 的结果是 _____.
>
>    A. $1$　　　B. $\sqrt{2}$　　　C. $2$　　　D. $4$
>
> 3. 下列图形中有稳定性的是 _____.
>
>    A. 三角形　　B. 平行四边形　　C. 长方形　　D. 正方形

**DeepSeek输出：**

### 数学错题本模板（高考状元版）

**1. 分类记录**

题型分类：

题目1：绝对值基础运算（代数类）

题目2：平方运算（算术运算类）

题目3：几何图形性质（几何类）

**2. 明确标注与解析**

题目1

……

题目2

……

题目3

题干：下列图形中有稳定性的是_____．

选项：

A. 三角形　B. 平行四边形　C. 长方形　D. 正方形

✓ 正确答案：A

解析：

**几何稳定性原理**：三角形具有稳定性（三边固定后形状和大小唯一确定），四边形不具有稳定性（如平行四边形在边长不变的情况下，其内角大小能够发生改变，进而导致形状改变）。

❗**错误点标注**：易混淆"对称性"与"稳定性"，如正方形对称但无稳定性。

### 3. 定期复习与整理

复习频率：每周 1 次（基础题强化）。

整理建议：

- 题目 1：整理绝对值拓展题型（如含未知数的绝对值方程）。
- 题目 2：归纳平方与平方根的区别。
- 题目 3：补充其他稳定性实例（如桥梁结构中的三角形应用）。

### 4. 使用标签并适当留白

**标签分类**：#绝对值　#平方运算　#几何稳定性

**留白区**：

题目 1 补充：请举例说明 $|x|=3$ 的解。

_____

题目 3 补充：画出三角形稳定性的实际应用场景。

[此处可贴图或手绘]

### 5. 互动学习

自测问答：

若 $|-x|=1$，解是什么？为什么？

答：_____

计算 $(-3)^2$，并说明与 $-3^2$ 的区别。

答：_____

为什么自行车的车架常用三角形结构？

答：_____

**状元心得**：基础题需注重细节（如符号、单位），通过"标签＋留白"强化逻辑链，定期用互动问答检验理解深度！

## 8.3 错题归类与快速理解难点

这一节将从以下三个方面进行讲解,分别是错题归类、玩转错题和快速理解难点。

### 1. 错题归类

对于经常出错的题目,一定要善于总结和归类,以便随时复习。

👉 **提示词示范**

> 对DeepSeek输入:
>
> 帮我把以下题型进行归类,题目如下:
>
> 1. $\sin 30° = $ _____.
>
> 2. 单项式 $3xy$ 的系数为 _____.
>
> 3. 菱形的边长为5,则它的周长为 _____.
>
> 4. 若 $x=1$ 是方程 $x^2-2x+a=0$ 的根,则 $a=$ _____.
>
> 5. 扇形的半径为2,圆心角为90°,则该扇形的面积(结果保留 $\pi$)为 _____.

DeepSeek输出:

根据题目内容,可以将这些题目进行如下归类。

**1. 三角函数计算题**

题目1:$\sin 30° = $ _____.

归类理由:涉及三角函数的基本计算。

### 2. 代数表达式题

题目 2：单项式 $3xy$ 的系数为_____.

归类理由：涉及单项式的系数识别。

### 3. 几何图形周长计算题

题目 3：菱形的边长为 5，则它的周长为_____.

归类理由：涉及几何图形（菱形）的周长计算。

### 4. 方程求解题

题目 4：若 $x=1$ 是方程 $x^2-2x+a=0$ 的根，则 $a=$ _____.

归类理由：涉及方程的根与系数的关系求解。

### 5. 几何图形面积计算题

题目 5：扇形的半径为 2，圆心角为 90°，则该扇形的面积（结果保留 $\pi$）为_____.

归类理由：涉及几何图形（扇形）的面积计算。

**总结：**

- 三角函数计算题：1
- 代数表达式题：2
- 几何图形周长和面积计算题：3、5
- 方程求解题：4

## 2. 玩转错题

接下来介绍一个全新的玩法，将整理错题转化为闯关游戏，这样可以让枯燥的解题过程变得有趣，记忆效果也会更好。

## 提示词示范

**对ChatGPT输入：**

让我们玩一个基于文本的冒险游戏，你需要将这五道数学题植入文本游戏并转化成选择题让我做。五道题如下：

1. $\sin 30° = $ _____ 。
2. 单项式 $3xy$ 的系数为 _____ 。
3. 菱形的边长为5，则它的周长为 _____ 。
4. 若 $x=1$ 是方程 $x^2-2x+a=0$ 的根，则 $a=$ _____ 。
5. 扇形的半径为2，圆心角为 $90°$，则该扇形的面积（结果保留 $\pi$）为 _____ 。

我来做你的向导。

你被倒挂在离地约1米的黏性丝网中。在环顾四周试图想办法摆脱困境时，你注意到，你值得信赖的靴子刀掉在地上了。如果你把手臂伸得足够远，也许能把它捡起来，让自己成功脱险。

一把旧靴子刀躺在地上，触手可及。

**ChatGPT输出：**

**冒险游戏开始：**

你努力地伸出手臂，试图够到那把靴子刀。突然，一个神秘的声音响起："想要得到这把刀，你必须回答我五个问题。"

你想了想，决定接受这个挑战，毕竟这是你摆脱困境的唯一机会。

神秘的声音继续说："如果回答正确，刀就是你的；但如果回答错误，你将被困在这里，直到永远。"

问题1：$\sin 30°$ 的值是多少？
A. 0.5　　　　B. 1　　　　C. 0　　　　D. 0.1

问题 2：单项式 3xy 的系数是？

A. 3　　　B. xy　　　C. 3xy　　　D. x

问题 3：菱形的边长为 5，则它的周长是？

A. 10　　　B. 20　　　C. 15　　　D. 25

问题 4：若 $x=1$ 是方程 $x^2-2x+a=0$ 的根，则 $a$ 的值是？

A. 1　　　B. 2　　　C. 3　　　D. -1

问题 5：扇形的半径为 2，圆心角为 90°，则该扇形的面积（结果保留 π）为？

A. 2π　　　B. π　　　C. 4π　　　D. π/2

神秘的声音说："现在，开始回答吧！"

你深吸了一口气，准备回答这些问题，希望能够摆脱这个困境。

### 3. 快速理解难点

对于难以理解的知识点，善于运用 AI 工具，有助于快速理解。

☞ **提示词示范**

> **对 ChatGPT 输入：**
> 
> 你扮演资深的化学老师，我是一个高中生，请你用通俗易懂的语言解释【甲烷的化学性质】，并且解释为什么是这样的。

**ChatGPT 输出：**

好的，让我来为你解释一下。

**甲烷的化学性质**：甲烷是一种非常简单的碳氢化合物，其分子式为 $CH_4$。它在正常情况下是无色、无味的气体。甲烷的主要化学性质是能够与氧气发生燃烧反应，产生二氧化碳和水，并释放大量热能。

**为什么是这样的**：甲烷分子中的碳和氢原子之间的键是非常稳定的。但当遇到氧气时，这些键会被打破，形成新的且更稳定的碳-氧和氢-氧键，此过程会释放能量，这就是甲烷燃烧时会释放热量的原因。

AI 工具就像一座博大精深的知识宝库，能够为我们解开那些深奥复杂的谜题，使我们的学习之旅更加丰富和深入。

## 8.4 错题智能分析

在追求卓越的学习之旅中，对错题进行深入分析和系统复习是提高学习效率、掌握知识点的关键。接下来，AI 将扮演错题数据统计师的角色，从专业角度帮助用户洞察问题根源，挖掘知识盲点，并制订高效的复习计划。

### ☞ 提示词示范

> **对 ChatGPT 输入：**
>
> 请你扮演错题数据统计师，我将把整张【 】年级【 】科目试卷的错题输入给你，请你根据我的错题按以下步骤操作。
>
> 1. 逐题解析错题考点并提供解题技巧。
>
> 2. 统计错题涉及的知识点，按出错频率由高到低排序，输出包括题型、错题数量、高频知识点的统计结果。
>
> 3. 针对错题制订一周复习计划，以表格形式呈现。

ChatGPT输出：

### 1. 错题逐题解析与技巧提供

逐题解析：对每道错题详细分析考点，明确错误类型。

解题技巧：提供具体的解题方法和策略，帮助你避免再次犯同类错误。

### 2. 错题数据统计

知识点频率排序：统计所有错题涉及的知识点，并按照出错频率从高到低排序。

### 3. 数据输出

以"题型—错题数量—高频知识点"的格式，给出清晰的数据图表。

### 4. 一周复习计划

根据错题分析结果，制订一周复习计划并以表格形式呈现，确保每个知识点都得到合理关注。

让我们来看看这套方法如何进行实际运用。

假设你完成了一张八年级数学试卷，并将错题输入给我。

首先，我会逐题进行深度解析，找出考查的知识点，并针对这些知识点提供解题技巧。例如，若错题涉及分数加减运算，我会先解释正确的解题步骤，然后提示你在解决类似题目时需要注意的细节，如通分和化简的技巧。

其次，我会统计并将错题涉及的知识点进行排序，举例如下。

| 题型 | 错题数量 | 高频知识点 |
| --- | --- | --- |
| 分数计算 | 5 | 通分与化简 |
| 函数概念 | 3 | 定义域与值域 |
| 一元一次方程 | 2 | 解法规则 |

最后，依据上述统计结果，我将制订一份一周复习计划，重点针对你的薄弱环节。

| 星期 | 复习内容 | 目标 |
| --- | --- | --- |
| 周一 | 分数计算：通分与化简 | 理解分数加减原理 |
| 周二 | 分数计算练习题集 | 提升计算准确性 |
| 周三 | 函数概念：定义域与值域 | 掌握函数基本概念 |
| 周四 | 函数概念练习题集 | 应用函数知识解题 |
| 周五 | 一元一次方程：解法规则 | 理解解方程的步骤 |
| 周六 | 一元一次方程练习题集 | 加强方程解题能力 |
| 周日 | 综合练习与错题回顾 | 巩固本周复习成果 |

通过这套提示词，用户不仅能有效地提升学习效率，还能够精准弥补知识薄弱环节，使自己在面对学习挑战时能从容不迫地应对。

# 第 9 章

# 借助 AI 大模型快速提升自学能力

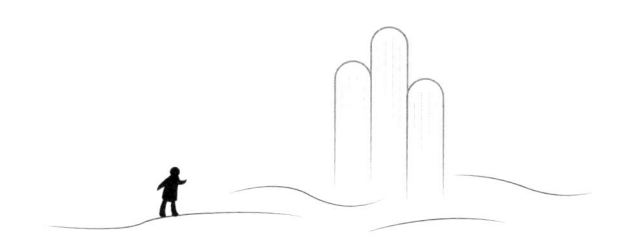

## 9.1 自学的秘密：AI大模型轻松解决传统学习中的痛点

21世纪，学习方式正经历颠覆性变革，特别是在AI技术的驱动下。我们不再受传统学习模式的束缚。接下来，我将介绍长期困扰学生学习的四大痛点，以及如何借助AI大模型解决这些痛点。

### 1. 缺乏即时反馈

有多少次，在学习过程中遭遇知识盲区时，传统模式下往往需要等数小时甚至更久才能获得解答。漫长的等待不仅打断了学习的节奏，还可能消磨学习的热情。AI大模型可实现即时响应，及时为我们提供答复，让学习过程不再被打断。

### 2. 信息过载与筛选困难

你是否曾为了一个简单的问题花数小时在网上搜索答案？面对互联网上的海量信息，我们往往需要投入大量的时间来筛选与验证。而AI大模型通过自然语言处理技术，可精准过滤冗余信息，迅速为我们找到经过验证的权威答案。

### 3. 认知固化与路径依赖

随着年龄的增长，我们有可能陷入自己的学习舒适区，变得越来越固执，导致学习路径僵化。这不仅限制了我们的学习广度，还会降低学习效率。而AI能够分析我们的学习习惯，为我们推荐更适合、更高效的学习路径。

### 4. 知识遗忘与迭代重构

随着时间的流逝，我们曾经掌握的许多知识逐渐被新的信息和技能替代。例如，大学时期的某个专业知识，由于多年未用，逐渐被遗忘。但在某一刻，我们可能会急需这些"沉睡"的知识。这时，若翻找过去的教材或笔记，不仅费时，还不一定能得到答案。而 AI 能够迅速帮我们唤醒这些"沉睡"的知识，为我们提供准确的信息。更有意思的是，AI 甚至可以将这些旧知识与新的信息结合，给我们提供一个更广泛、更前沿的视角。

## 9.2 如何快速学习陌生领域的知识

陌生领域的学习步骤如图 9.1 所示。

**01 梳理该领域的知识地图**
1. 领域概览
2. 核心概念
3. 历史背景
4. 基础资源推荐
5. 常见问题与答案

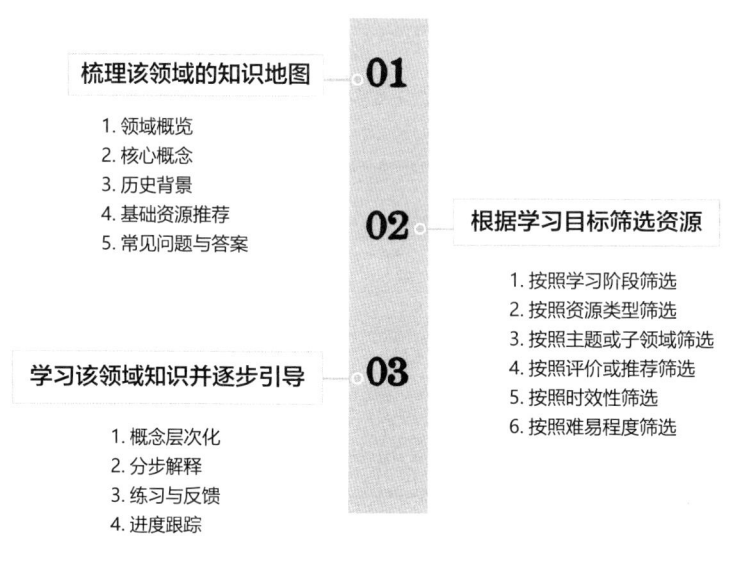

**02 根据学习目标筛选资源**
1. 按照学习阶段筛选
2. 按照资源类型筛选
3. 按照主题或子领域筛选
4. 按照评价或推荐筛选
5. 按照时效性筛选
6. 按照难易程度筛选

**03 学习该领域知识并逐步引导**
1. 概念层次化
2. 分步解释
3. 练习与反馈
4. 进度跟踪

图9.1

## 一、梳理该领域的知识地图

目的：了解该领域的主要概念、子领域、关键技能和发展趋势。

☞ **提示词示范**

> 请为我梳理【领域名称】的知识地图。

示例：请为我梳理人工智能的知识地图。

### 1. 领域概览

先通过指令要求 AI 提供该领域的知识框架，这可以帮助你了解该领域的主要内容和结构。

☞ **提示词示范**

> 请为我提供一个关于【领域名称】的简要概览。

示例：请为我提供一个关于量子物理的简要概览。

### 2. 核心概念

了解目标领域的核心概念是深度学习的基础，你可以要求 AI 列举并解释该领域的核心概念。

☞ **提示词示范**

> 请列出【领域名称】的核心概念，并简要解释。

示例：请列出机器学习的核心概念，并简要解释。

### 3. 历史背景

了解目标领域的历史背景有助于深入理解其演变逻辑与现状特征。

> 提示词示范

> 请为我简述【领域名称】的历史背景。

示例：请为我简述人工智能的历史背景。

### 4. 基础资源推荐

为了更深入地学习，你可以要求 AI 推荐该领域的基础学习资源，包括经典著作、权威课程和前沿文献。

> 提示词示范

> 请为我推荐一些【领域名称】的入门级学习资源。

示例：请为我推荐一些生物学的入门级学习资源。

### 5. 常见问题与答案

通过指令，要求 AI 生成该领域的高频问答，可有效消除一些基本的认知疑惑。

> 提示词示范

> 请为我列出【领域名称】的高频问答。

示例：请为我列出数字摄影的高频问答。

## 二、根据学习目标筛选资源

### 1. 按照学习阶段筛选

不同的学习阶段需要不同的资源，可以要求 AI 为你推荐适合当前学习阶段的资源。

☞ **提示词示范**

请为我推荐一些适合【学习阶段】的【领域名称】资源。

示例:请为我推荐一些适合初学者的编程资源。

2. 按照资源类型筛选

有些人喜欢读书、有些人喜欢看视频,你可以根据自己的偏好要求 AI 为你筛选相关的资源。

☞ **提示词示范**

请为我推荐一些【资源类型】关于【领域名称】的资源。

示例:请为我推荐一些视频关于数据科学的资源。

3. 按照主题或子领域筛选

如果你对某个特定的主题或子领域感兴趣,可以要求 AI 为你筛选相关的资源。

☞ **提示词示范**

请为我推荐一些关于【主题/子领域】的【领域名称】资源。

示例:请为我推荐一些关于深度学习的人工智能资源。

4. 按照评价或推荐筛选

为确保资源质量,你可以要求 AI 为你推荐高评价、高可信度的资源。

☞ **提示词示范**

请为我推荐一些高评价、高可信度的【领域名称】资源。

示例：请为我推荐一些高评价、高可信度的摄影书籍。

5. 按照时效性筛选

某些领域，特别是科技和医学，知识更新非常快，可以要求 AI 为你推荐最新的资源。

☞ **提示词示范**

请为我推荐一些最新的【领域名称】资源。

示例：请为我推荐一些最新的网络安全资源。

6. 按照难易程度筛选

你可以要求 AI 根据你的学习能力和经验推荐合适的资源。

☞ **提示词示范**

请为我推荐一些【难易程度】的【领域名称】资源。

示例：请为我推荐一些中级水平的吉他教程。

### 三、学习该领域知识并逐步引导

1. 概念层次化

AI 可以先帮助你识别该领域的核心概念，并按照复杂度和重要性进行排序。例如，如果你想学习编程，AI 可能先介绍什么是变量、函数和循环，再引导你学习更复杂的概念，如对象、继承和多态性。

> 提示词示范

> 请为我列出【领域名称】的基础概念，并按照学习的先后顺序进行排序。

示例：请为我列出编程的基础概念，并按照学习的先后顺序进行排序。

## 2. 分步解释

对于每一个概念，AI 可以为你提供分步的解释和示例。这可以帮助你逐渐理解和掌握概念，而不是一下子被大量的信息淹没。

> 提示词示范

> 请为我分步解释什么是【领域名称】，并给我一个简单的示例。

示例：请为我分步解释什么是函数，并给我一个简单的示例。

## 3. 练习与反馈

仅有理论知识是不够的，实践是最好的老师。AI 可以为你提供练习题，并给你即时反馈。这可以帮助你巩固知识和技能。

> 提示词示范

> 请给我一个关于【领域名称】的练习题，并检查我的答案。

示例：请给我一个关于函数的练习题，并检查我的答案。

## 4. 进度跟踪

AI 可以跟踪你的学习进度，确保你不会错过重要的概念或技能。当完成一个概念的学习后，AI 可以为你推荐下一个概念。

> **提示词示范**

> 我已经学完了【领域名称】,接下来我应该学什么?

示例:我已经学完了函数,接下来我应该学什么?

## 9.3 熟悉的领域与新领域的跨界整合

本节将从两个方面进行讲解,分别是跨界整合的步骤和 7 天学习新领域知识的方法。

### 一、跨界整合的步骤

跨界整合,简单来说,就是将不同领域的知识、技能和资源结合起来,创造出新的可能性。在 AI 技术尚未普及的时代,进行跨界整合的难度极高,因为这需要研究者具有广博的知识,对多个领域都有深入的了解,并能发现这些领域之间不为人知的联系。此外,寻找、筛选、验证和整合信息的过程是非常耗时的,而且可能存在很大的风险。但随着 AI 技术的发展,跨界整合的过程已经变得更加高效。AI 工具可以快速找到两个甚至更多领域的交叉点,提供深入的分析,并为研究者提供有价值的反馈和建议。

跨界整合分为五个步骤,如图 9.2 所示。

```
              构建专业领域的知识地图
         ①
            ②  定义跨界目标

               ③  识别核心技能与知识
    随着AI技术的发展，跨
    界整合的过程已经变得更
    加高效。AI可以快速找到
    领域之间的交叉点，提供     ④  识别交叉点与潜在机会
    深入的分析，并为研究者
    提供有价值的反馈和建议
  跨界
  整合          ⑤  制定跨界项目或实验
```

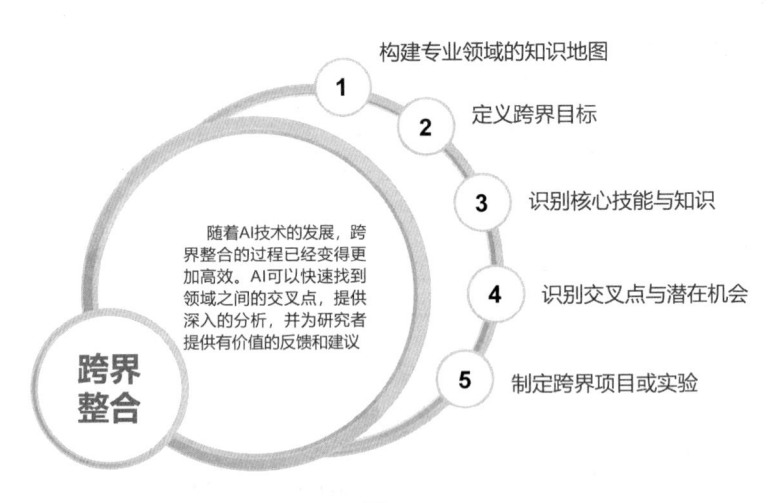

图9.2

### 1. 构建专业领域的知识地图

目的：通过构建知识地图，明确熟悉领域的核心概念、技能、方法，为跨界整合提供明确的基础。

☞ **提示词示范**

> 请为我构建一个关于【熟悉的领域】的知识地图，包括其核心概念、技能、方法。用 Markdown 格式输出，最后以提问的方式协助我完善和精练该知识地图。

示例：请为我构建一个关于初中物理公式的知识地图，包括其核心概念、技能、方法。用 Markdown 格式输出，最后以提问的方式协助我完善和精练该知识地图。

### 2. 定义跨界目标

目的：明确希望通过跨界整合实现的具体目标。

### 提示词示范

> 我想将【熟悉的领域】与【新领域】结合,你认为我应该设定什么样的跨界目标?

示例:我想将数学与编程结合,你认为我应该设定什么样的跨界目标?

#### 3. 识别核心技能与知识

目的:确定两个领域中哪些核心技能和知识是必要的。

### 提示词示范

> 在【熟悉的领域】与【新领域】的跨界整合中,哪些核心技能和知识是必要的?

示例:在数学与编程的跨界整合中,哪些核心技能和知识是必要的?

#### 4. 识别交叉点与潜在机会

目的:了解两个领域之间的相似性、差异和可能的交叉点。

### 提示词示范

> 请为我分析【熟悉的领域】与【新领域】之间的交叉点和潜在机会。

示例:请为我分析生物学与人工智能之间的交叉点和潜在机会。

#### 5. 制定跨界项目或实验

目的:通过实际项目或实验来探索和验证整合两个领域的可能性。

👉 **提示词示范**

> 我想在【熟悉的领域】与【新领域】之间进行一个跨界项目，你有什么建议或方案吗？

示例：我想在医学与机器学习之间进行一个跨界项目，你有什么建议或方案吗？

## 二、7天学习新领域知识的方法

**第1天：定义目标与大纲**

向 AI 询问你想学习的领域的基本概念和大纲。

明确学习目标：你希望在一个月后达到什么水平？

👉 **提示词示范**

> 请为我提供【领域名称】的基本概念和大纲。

示例：请为我提供人工智能的基本概念和大纲。

根据 AI 提供的大纲，明确你的学习目标。

**第2～3天：核心概念探索**

每天询问 AI 关于该领域的 2～3 个核心概念，并要求提供详细解释和例子。通过对话的方式，深入了解这些概念的含义、应用和重要性。

👉 **提示词示范**

> 请详细解释【领域名称】中的【核心概念】，并给出示例。

示例：请详细解释人工智能中的深度学习，并给出示例。

每天选择 2～3 个核心概念进行探索。

**第 4～5 天：技能与应用学习**

向 AI 询问该领域的基本技能和应用方法，通过模拟或实际操作，尝试应用这些技能和方法。

☞ **提示词示范**

> 在【领域名称】中，哪些基本技能和应用方法是我应该知道的？

示例：在人工智能中，哪些基本技能和应用方法是我应该知道的？

根据 AI 给出的答案，尝试理解并应用这些技能和方法。

**第 6 天：问题解答与深化**

将你在学习过程中遇到的问题或不明白的地方列出来，每天向 AI 询问其中的几个问题，并进行深入探讨和解答。

☞ **提示词示范**

> 关于【某专业领域】的学习，我有以下疑问：【问题】，请你通过对话和提问的方式，引发我的思考并给出最佳的答案，提高我的认知，避免损失和误判。

示例：关于人工智能的学习，我有以下疑问：如何优化提示词？请你通过对话和提问的方式，引发我的思考并给出最佳的答案，提高我的认知，避免损失和误判。

**第 7 天：实际案例分析**

向 AI 询问该领域的实际案例或应用示例，分析这些案例，了解该领域的知识是如何在实际中应用的。

☞ 提示词示范

> 请为我提供【领域名称】的一个实际应用案例，并进行简要分析。

示例：请为我提供人工智能的一个实际应用案例，并进行简要分析。

通过案例分析，了解该领域的知识如何在实际中应用。

## 9.4 快速成为领域顶级专家的策略

你想成为某个领域的顶级专家吗？如果想，那么一定要有章法。这不是一条简单的道路，但是如果能结合正确的策略，就可以事半功倍。以下为三条策略，如图9.3所示。

| 锁定顶级专家 | 分析思维骨架 | 行动 |
|---|---|---|
| 跟着成功的人学，少走弯路 | 深入分析顶级专家的逻辑和思维方式 | 知易行难，用行动检验效果 |

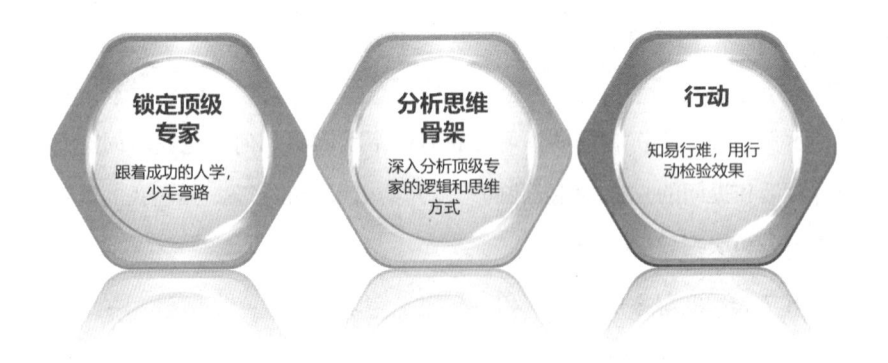

图9.3

### 1. 锁定顶级专家

成功的人都有自己的方法论，跟着成功的人学，可以少走弯路。

具体操作：利用 AI 工具快速检索你关心领域的佼佼者，看他们写了什么、说了什么。

☞ **提示词示范**

> 告诉我关于【专业领域】的顶级专家有哪些，他们最受欢迎的著作分别是什么？

### 2. 分析思维骨架

这里不是简单模仿，而是要深入了解他们的逻辑和思维方式。如何做？把他们的文章、演讲导入 AI 工具，让 AI 工具帮你拆解，看看那些顶级专家是如何看待问题的。

☞ **提示词示范**

> 这是【顶尖人物名称】的文章/演讲，他在这方面的核心观点和逻辑结构是什么？

### 3. 行动

知易行难，你需要亲身实践顶级专家的方法，看看它是否真的行之有效。你可以制订一个行动计划并执行，看看结果如何。把你的行动计划和过程告诉 AI 工具，它会给出分析和建议。

> **提示词示范**

> 我按照【顶尖专家】的建议在【专业领域】做了这些尝试,有什么不对的地方或哪里可以优化?

过去,我们可能时常迷失在信息的海洋中。如今,有了 AI 的助力,我们每一次探索都有了方向,每一个疑问都能获得及时的回答。学习者不再是孤独的战士,而是拥有一个一直在线、无所不知的学习伙伴。这不仅是技术的进步,还是学习策略的全新升级。AI 助你洞悉知识的脉络,为你筑起通往卓越的桥梁,它无疑已经成为现代学习者走向卓越的得力助手。

# 第10章

# 重塑记忆与思维：超强学习力实战指南

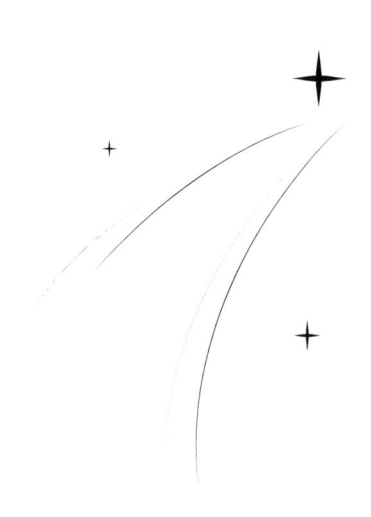

## 10.1 为什么你总是记不住

在传统的学习和记忆模式中,虽然有各种理论和策略来提高记忆效果,但往往缺乏持续的练习。没有充足的练习,传统记忆法的潜能很难被充分挖掘。此外,传统的训练内容往往缺乏针对性和个性化,导致不同的学习者难以找到最适合自己的记忆策略。

有时,仅仅明白记忆的内容是不够的,还需要知道记忆的方法。如果搞不清记忆方法背后的原理,那么即便掌握再多记忆方法,运用起来也会很吃力。

如图 10.1 所示,我们可以明确地看到左脑和右脑的分工。左脑在逻辑性思维方面发挥关键作用,当仅依赖左脑处理信息时,知识难以形成有效记忆。尤其在考前复习时,学习者面对密集的文字内容更容易产生焦虑情绪。而右脑擅长形象思维,它能够将词汇、句子、段落转化为生动的图像或场景,从而大幅提升记忆效率。

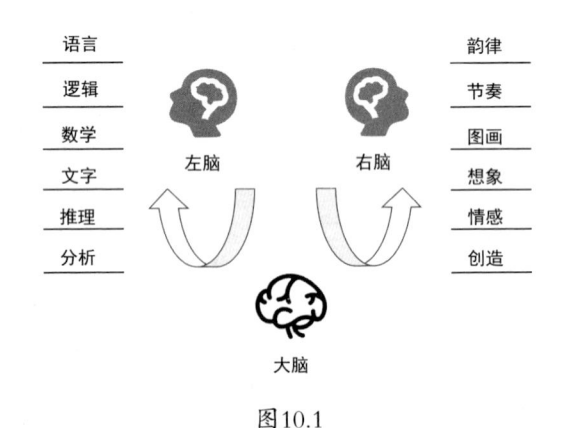

图10.1

记不住背后的真正原因有以下五点，如图 10.2 所示。

**1 没画面**
如果大脑中没有对应的画面，所学知识就如同散落在大脑记忆仓库中未分类整理的文件，很难被找到

**2 没感觉**
如果对所学的内容没有任何感觉，便难以产生共鸣，进而难以深入理解和记忆

**3 没联系**
知识并不是孤立存在的，如果不明确知识与知识之间的联系，往往难以深入理解和有效记忆

**4 没复习**
知识通过不断重复等方式，有助于从短期记忆变成长期记忆，进入潜意识，从而被灵活运用

**5 没条理**
如果所学知识没有明确的条理和结构，在表达和运用时就会导致混乱。而许多被广泛认可的高效学习法，都注重引导学者将知识梳理出清晰的条理，进而能够简明扼要地表达出来，以此提升学习效果

**为什么你总是记不住?**

图10.2

或许你不是"记性差"，而是还没掌握大脑最喜欢的记忆方式。让我们走进"记忆实验室"，开启探索之旅，寻找让知识扎根的秘诀。

### 1. 给知识画一幅"脑内漫画"（针对没画面）

科学研究表明，人类大脑对图像的敏感度显著高于文字，因此可以通过激活画面感来大幅提升记忆效率。例如，背诵古诗时想象"飞流直下三千尺"的磅礴瀑布，学习地理时将板块运动看作动态拼图游戏，记忆公式时为符号披上"彩色外套"。实验证明，这种将抽象文字转化为生动图像的方法，能显著提升记忆留存率。

### 2. 让知识拥有"温度"（针对没感觉）

当我们对所学知识产生共鸣时，能增强记忆效果，同时促进信息整合，使知识更容易被记住。例如，在学历史时，可以想象"假如我是郑和下西洋"的冒险旅程；在生物课上亲手触摸含羞草，感受植物也有"心跳"的神奇；在练习英语对话时，用夸张的表情模仿电影台词。这些带有情感温度和真

实体验的知识，远比冰冷的文字更容易被大脑记住——因为记忆从来不只是信息的储存，更是情感的烙印。

### 3. 编织知识的"蜘蛛网"（针对没联系）

大脑记忆的奥秘在于联结——孤立的知识就像沙滩上的贝壳，随时会被遗忘的潮水冲走。我们可以通过巧妙的联结术来加固记忆，比如用谐音梗将新单词与熟悉的事物挂钩（将 ambulance 记作"俺不能死"，联想到人快不行了需要救护车），用思维导图把零散知识点编织成知识树，或者睡前把当天所学"讲授"给玩偶听。科学研究表明，在一定条件下，大脑神经元建立新联结有助于提升记忆强度，这是因为这些神经回路就像给知识装上了多重保险，让记忆在脑海中生根发芽。

### 4. 给记忆装"防盗门"（针对没复习）

艾宾浩斯对无意义音节记忆实验的研究显示，人在学习 24 小时后会遗忘约 67% 的内容，但通过科学的复习方法可以显著提高知识留存率：课后先用 5 分钟速记核心框架，然后睡前花 15 分钟进行"过电影式"复习，周末时通过"知识寻宝游戏"查漏补缺。这样经过多次系统复习后，有助于显著提高知识的留存率。

### 5. 给大脑建"收纳柜"（针对没条理）

大脑就像一座需要定期整理的智慧仓库，当信息像塞爆的衣柜般杂乱无章时，我们可以施展这些记忆整理魔法：用三色笔精准标注出重点、疑问、拓展三类内容；为笔记本设计"记忆抽屉"分区系统，像整理衣柜般划分知识类别；制作主题明确的知识卡片并分类存放。神经科学研究显示，在相关实验条件下，经过系统化整理的知识体系能让知识的提取效率得到显著提升。

记忆不是天赋，而是可以训练的技能。当我们给知识穿上彩衣、注入情感、编织网络、定期维护、有序收纳，那些曾经"不听话"的知识点就会变成最忠实的伙伴。

现在就开始，给你的大脑来一场记忆升级吧！下面将为大家分享记忆高手都在用的三大记忆法（连锁记忆法、故事记忆法和记忆宫殿法），同时附上运用提示词训练记忆法的解决方案。

## 10.2 连锁记忆法

本节将从连锁记忆法的定义、步骤、示例三个方面进行讲解。

### 1. 定义

连锁记忆法，即将抽象的资料转化为具体、生动的图像，像锁链般一个接一个地连接起来，借助这种两两相连的方式，让所有的资料得以有条理且准确地被记录。

### 2. 步骤

运用连锁记忆法共有四个步骤，如图 10.3 所示。

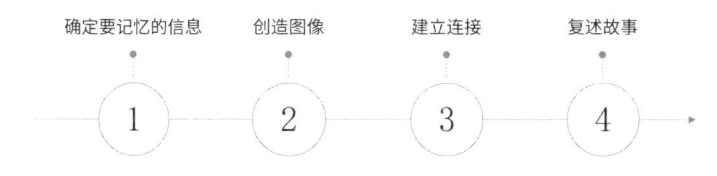

确定要记忆的信息 ① → 创造图像 ② → 建立连接 ③ → 复述故事 ④

图 10.3

（1）**确定要记忆的信息**：列出所有需要记住的项目或概念。

（2）**创造图像**：为每一项要记住的信息创建一个具体的图像，这个图像应该是生动、具体、甚至是夸张的，从而更容易记忆。

（3）**建立连接**：将这些图像通过一个逻辑链或视觉链连接起来，形成一个连续的图像故事。注意确保每个图像都与前一个图像和后一个图像有明显的连接。

（4）**复述故事**：在心中或口头复述创建的"故事"，通过依次回顾这个图像链来加深记忆。

3. 示例

假设你有一个包含以下物品的购物清单：牛奶、鸡蛋、面包、苹果、花生酱。

想象牛奶盒长出腿逃跑→跳进鸡蛋篮伪装→被面包超人救起→掉进苹果弹跳床→弹到花生酱泳池，通过这个图像链，可以把购物清单里面的物品按顺序记住。

☞ **用提示词生成训练连锁记忆法的示范**

> **对DeepSeek输入：**
>
> 请你扮演世界记忆大师教练，为我提供不同等级的随机中文词语练习。每个等级都有其特定的形象词和抽象词比例，以满足不同记忆能力的需求。记忆法训练的等级为初级、中级和高级，初级生成10个随机中文词汇【形象词占90%，抽象词占10%】，中级生成10个随机词汇【形象词占70%，抽象词占30%】，高级生成10个随机词汇【形象词占50%，抽象词占50%】。温馨提示：询问我需要生成的训练等级，并提示请将计时器设置为5分钟，然后我开始记忆随机中文词汇。

**DeepSeek输出：**

好的，欢迎进行世界记忆大师中文词汇记忆训练！

请告诉我你需要生成的训练等级：

- 初级（形象词90%+抽象词10%）
- 中级（形象词70%+抽象词30%）
- 高级（形象词50%+抽象词50%）

**提示**：开始前请将计时器设置为5分钟，记忆完成后可尝试默写或复述词汇。

请回复你选择的等级，我将立刻生成对应词汇列表！

**对DeepSeek输入：**

初级。

**DeepSeek输出：**

好的！以下是为你准备的初级记忆训练词汇表（形象词90%+抽象词10%），请开始计时5分钟，全力记忆吧！

**初级词汇（10个）**

1. 苹果
2. 自行车
3. 彩虹
4. 书包
5. 小狗
6. 太阳
7. 冰激凌
8. 钥匙
9. 河流

10. 自由（抽象词）

**记忆技巧建议**

• 对形象词可联想画面、颜色或动作（如"彩虹"可想象雨后的七色光弧）。

• 对抽象词可关联具体符号（如"自由"可联想到飞翔的鸟）。

5分钟后尝试默写或复述，加油！完成后可以继续挑战更高难度。

根据上面示例的方法，可以解决训练记忆法没题库的问题，AI可以根据我们的需求进行调整，生成记忆训练内容。

## 10.3 故事记忆法

本节将从定义、区别、步骤和应用场景四个方面对故事记忆法进行讲解。

### 1. 定义

故事记忆法是一种通过构建故事来帮助我们记忆信息的方法。它可以将枯燥的信息转化为生动、有趣的故事，从而让我们更好地记住这些信息。

### 2. 区别

我们来看看故事记忆法与连锁记忆法的三个主要区别，如图10.4所示。

**A 记忆结构**

连锁记忆法强调将信息按顺序串联起来,形成一条清晰的线性路径。相比之下,故事记忆法则通过构建一个具有内在逻辑和情节发展的故事框架,将信息融入其中

**B 适用场景**

连锁记忆法因其简洁直接的线性结构更适用于记忆顺序性强、相对简单的信息集合。而故事记忆法凭借其丰富的情境构建能力,能够更有效地处理复杂、多维度的信息,适用于需要深度理解和长期保持的记忆任务

**C 记忆效果**

虽然连锁记忆法在保持信息顺序方面表现出色,但故事记忆法通过情感投入、逻辑关联和情节发展,不仅增强了记忆的牢固性,还促进了对信息的深层理解和长期记忆的形成。故事记忆法往往能让信息更加生动、难忘

图10.4

### 3. 步骤

使用故事记忆法时,可按以下步骤进行,如图 10.5 所示。

- 步骤 1:确定要记忆的信息。
- 步骤 2:构建一个与信息相关的故事情境。
- 步骤 3:将信息的关键字 / 词通过谐音、联想、代码转换等方式融入故事中。

图10.5

### 4. 应用场景

现在，我们来看看故事记忆法的具体应用场景。

**场景一**

记忆中国历代王朝及政权更替顺序：夏、商、西周、东周、春秋、战国、秦、西汉、东汉、三国、西晋、东晋、南北朝、隋朝、唐朝、五代十国、辽、北宋、金朝、南宋、元朝、明朝、清朝、民国、中华人民共和国。

故事法记忆：

盛夏（夏）时节，一个商（商）人由西向东周（西周、东周）游历，在春秋（春秋）交替之际，他看到一辆战国（战国）时期的车，上面坐着秦始皇（秦），秦始皇身旁站着一个抱西瓜和冬瓜的汉子（西汉、东汉），有三个国家（三国）争相对这些西瓜和冬瓜进口（西晋、东晋）。

接着他沿南北朝（南北朝）向走，途中把随身（隋朝）携带的糖（唐朝）分装至五个袋子（五代）并藏于石锅（十国）里面。没想到辽（辽）人发现了，就把这些糖往北送（北宋）给金朝（金朝），往南送（南宋）给元朝（元朝），并在明天清晨（明朝、清朝），组织人民（民国）成立了中华人民共和国（中华人民共和国）。

很多人可能在联想方面遇到困难，可以通过 AI 工具生成相关的联想。

### 提示词示范

**对 DeepSeek 输入：**

请你用故事记忆法，帮我记忆以下内容：秦国灭六国的先后顺序是"韩、赵、魏、楚、燕、齐"。你需要先把六国名称以谐音方式联想成一个具体的事物，然后用故事记忆法串联成故事，举例如下。

记忆中国历代王朝及政权更替顺序：夏、商、西周、东周、春秋、战国、秦、西汉、东汉、三国、西晋、东晋、南北朝、隋朝、唐朝、五代十国、辽、北宋、金朝、南宋、元朝、明朝、清朝、民国、中华人民共和国。

故事法记忆：盛夏（夏）时节，一个商（商）人由西向东周（西周、东周）游历，在春秋（春秋）交替之际，他看到一辆战国（战国）时期的车，上面坐着秦始皇（秦），秦始皇身旁站着一个抱西瓜和冬瓜的汉子（西汉、东汉），有三个国家（三国）争相对这些西瓜和冬瓜进口（西晋、东晋）。

接着他沿南北朝（南北朝）向走，途中把随身（隋朝）携带的糖（唐朝）分装至五个袋子（五代）并藏于石锅（十国）里面。没想到辽（辽）人发现了，就把这些糖往北送（北宋）给金朝（金朝），往南送（南宋）给元朝（元朝），并在明天清晨（明朝、清朝），组织人民（民国）成立了中华人民共和国（中华人民共和国）。

**DeepSeek输出：**

好的，我们可以用故事记忆法来记住秦国灭六国的顺序：韩、赵、魏、楚、燕、齐。首先，我们把每个国家名谐音联想成具体的事物。

韩 →"汗"（流汗）

赵 →"照"（手电筒）

魏 →"胃"（肚子）

楚 →"醋"（一瓶醋）

燕 →"烟"（烟雾）

齐 →"旗"（旗帜）

**故事串联：**

"一个人流着汗（韩），用手电筒（赵）照着鼓起的胃（魏），突然打翻了一瓶醋（楚），烟雾（燕）中升起了一面旗（齐）。"

这样，你只要想象这个画面，就能轻松记住秦国灭六国的顺序啦！

**场景二**

记忆鲁迅的代表作：《故乡》《社戏》《孔乙己》《一件小事》《从百草园到三味书屋》《藤野先生》《阿Q正传》《药》《呐喊》《彷徨》《狂人日记》《祝福》。

故事法记忆：

鲁迅回到故乡，看了一场社戏，讲的是关于孔乙己的一件小事；看完之后，鲁迅穿过百草园到了三味书屋，去拜访藤野先生。藤野先生正在看一本名为《阿Q正传》的书，边看边喝中药。中药很苦，他痛苦地大声呐喊，在过道上走来走去，很彷徨。最后，他差点发狂，写起了《狂人日记》。鲁迅赶紧给他送上《祝福》。

不会编故事的人可以在AI工具中输入有故事框架的提示词来生成各种故事。

### 提示词示范

**对DeepSeek输入：**

请帮我用故事记忆法记忆鲁迅的代表作，即《故乡》《社戏》《孔乙己》《一件小事》《从百草园到三味书屋》《藤野先生》《阿Q正传》《药》《呐喊》《彷徨》《狂人日记》《祝福》。故事联想中需要具备5个要素：1.人物要素；2.情节连贯；3.关键词与情节链接；4.逻辑连续；5.避免冗余和复杂。

**DeepSeek输出：**

故事记忆法：鲁迅的代表作

**人物要素**

鲁迅：故事的主人公，一位伟大的文学家。

闰土：鲁迅儿时的玩伴，来自《故乡》。

孔乙己：一个穷困潦倒的读书人，来自《孔乙己》。

藤野先生：鲁迅在日本留学时的老师，来自《藤野先生》。

阿Q：一个精神胜利法的典型代表，来自《阿Q正传》。

**情节连贯**

鲁迅回到故乡，遇到了儿时的玩伴闰土。两人回忆起小时候一起看社戏的情景。鲁迅在镇上遇到了穷困潦倒的孔乙己，并帮他做了一件小事。鲁迅回忆起自己从百草园到三味书屋的求学经历，以及在日本留学时遇到的藤野先生。鲁迅决定用笔唤醒国人，写下了《阿Q正传》，揭露了国民的劣根性。鲁迅意识到，要救国，必须先救人心，于是他开始创作《药》，并发出呐喊，希望唤醒沉睡的国人。然而，现实让他感到彷徨，他写下了《狂人日记》，揭露了封建礼教的"吃人"本质。最终，鲁迅在《祝福》中展现了旧社会的残酷。

**关键词与情节链接**

故乡：鲁迅回到故乡，遇到闰土。

社戏：鲁迅和闰土回忆小时候看社戏的情景。

孔乙己：鲁迅在镇上遇到孔乙己。

一件小事：鲁迅帮助孔乙己做了一件小事。

从百草园到三味书屋：鲁迅回忆自己的求学经历。

藤野先生：鲁迅回忆在日本留学时遇到的藤野先生。

阿Q正传：鲁迅写下《阿Q正传》，揭露国民劣根性。

药：鲁迅意识到要救国，必须先救人心，开始创作《药》。

呐喊：鲁迅发出呐喊，希望唤醒沉睡的国人。

彷徨：现实让鲁迅感到彷徨。

狂人日记：鲁迅写下《狂人日记》，揭露封建礼教的"吃人"本质。

祝福：鲁迅在《祝福》中展现了旧社会的残酷。

**逻辑连续**

故事按照时间顺序展开，从鲁迅回到故乡开始，到他展现了旧社会的残酷结束。每个情节都与鲁迅的经历和思想发展密切相关，逻辑清晰，环环相扣。

**避免冗余和复杂**

故事简洁明了，没有冗余的情节和复杂的叙述。每个关键词都与情节紧密相连，便于记忆。

# 10.4 记忆宫殿法

本节将从定义、基本步骤和应用场景三个方面来讲解记忆宫殿法。

## 1. 定义

记忆宫殿法是一种利用空间位置和视觉联想来增强记忆的技巧，它利用我们熟悉的场景（即"记忆宫殿"）来存储和回忆信息。因为我们对于熟悉的场景有着深刻的印象和清晰的认知,所以大脑能够轻松提取与之相关的信息。将我们要记忆的内容与熟悉场景中的特定元素建立关联,这些日常熟悉的场景,就像是记忆的地图,指引我们找回存放在那里的信息。

**2. 基本步骤**

使用记忆宫殿法的四个基本步骤如图 10.6 所示。

第一步  选择熟悉的地方
选择熟悉的地方(如家里),设计参观路线

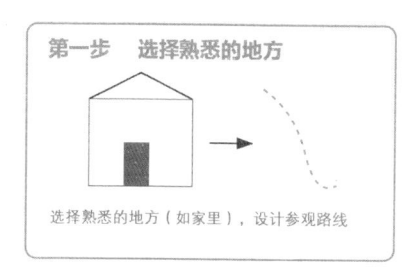

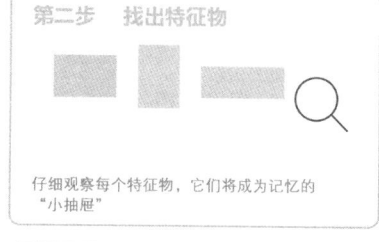

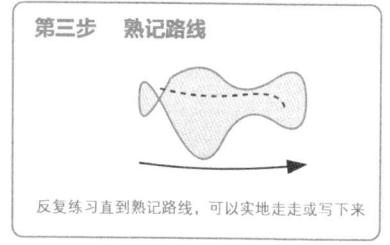

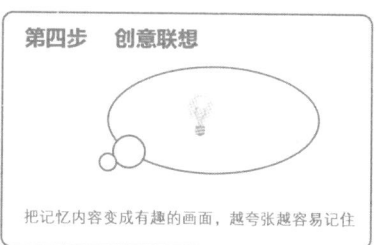

第二步  找出特征物
仔细观察每个特征物,它们将成为记忆的"小抽屉"

第三步  熟记路线
反复练习直到熟记路线,可以实地走走或写下来

第四步  创意联想
把记忆内容变成有趣的画面,越夸张越容易记住

图10.6

**第一步,选择熟悉的地方。**

选择你最熟悉的地方,比如你的家或者自己的小房间。然后设计一条参观路线,就像游乐园里的游览路线。你可以选择顺时针走,或者按 N 字形路线行走。其重点是:这条路线你非常熟悉,而且让你觉得轻松自在。

**第二步，找出特征物。**

假设你是一个小侦探，仔细观察记忆宫殿里的每样东西。比如在家里：进门看到的鞋柜、客厅的大沙发、墙上那幅特别的画、书桌上的台灯等，这些东西就像是记忆的"小抽屉"，它们等着你往里面放新的记忆。

**第三步，熟记路线。**

这一步就像是在玩记忆游戏。你要把这些地方记得清清楚楚。记忆技巧：实地走一遍，边走边大声说出看到的东西；把看到的特定物品写在纸上，每次用同样的方式观察；相信自己能记住。注意，记路线就像练习跳绳，多练习几次就会变得很容易。

**第四步，创意联想。**

这是最好玩的部分，把要记的东西变成夸张有趣的画面，和记忆宫殿里的东西连在一起。比如要记住"买牛奶"：想象家门口的鞋柜突然变成了一头奶牛，正在往鞋子里倒牛奶，越奇怪、好笑的画面越容易被记住。

3. 应用场景

我们尝试运用记忆宫殿法记忆世界十大文豪，他们分别是：荷马、但丁、歌德、拜伦、莎士比亚、雨果、泰戈尔、托尔斯泰、高尔基、鲁迅。

我们以家为记忆宫殿，记忆世界十大文豪的名字。

**（1）选择熟悉的地方**

我们从玄关进门，按照客厅、书房、主卧室、次卧室的顺序参观。

**（2）找出特征物**

①玄关位置；②客厅沙发；③电视；④餐桌；⑤书房书桌；⑥书架；⑦主卧床铺；⑧衣柜；⑨次卧书桌；⑩窗台。

## （3）熟记路线后进行创意联想

①玄关位置（荷马）

一个河马（河马→荷马）戴着墨镜站在门口，因为眼睛看不见（据说荷马是盲人），正在用嘴巴朗诵《史诗》。

②客厅沙发（但丁）

一个鸡蛋布丁（鸡蛋布丁→但丁）正从客厅沙发上滚落下来，象征但丁的《神曲》中所描写的地狱场景。

③电视（歌德）

电视里有一个哥哥在喝德国啤酒，他边喝边写《浮士德》。

④餐桌（拜伦）

一艘白色轮船（白色轮船→拜伦）在餐桌上巡航。

⑤书房书桌（莎士比亚）

沙漠中的骆驼试着开比亚迪汽车撞倒书房的书桌。（复合场景联想）

⑥书架（雨果）

雨落在书架上，每滴雨都变成了一个小果子，象征雨果多产的作品。

⑦主卧床铺（泰戈尔）

一个泰国人坐在床上，唱着歌儿（歌儿→戈尔）。

⑧衣柜（托尔斯泰）

一位父亲从衣柜里托出他的儿子，斯斯文文地往台阶上走。

⑨次卧书桌（高尔基）

书桌上方高悬着一副耳机。

⑩窗台（鲁迅）

一头发狂的鹿迅速跳过窗台。

记忆宫殿法的核心在于构建一系列荒诞有趣的场景，通过谐音、特征和作品等多重联系将信息形象化。比如在练习时，你可以闭上眼睛想象自己走进一座房子，按照预设的路线依次参观，在每个位置停留时回忆那些夸张的场景，从而联想到对应的文豪及其特点。

为了巩固记忆，初期需要多次重复这条路线，可以大声描述看到的画面，或者向他人复述这些有趣的联想。这种方法的关键在于将人物的代表作或鲜明特征巧妙融入场景，形成一条连贯且生动的"参观路线"。

使用记忆宫殿法时，如果不确定记忆宫殿搭建正确与否，可以通过下面的提示词进行检测。

## 👉 提示词示范

> **对DeepSeek输入：**
>
> 请帮我检测记忆宫殿法中关于地点的选择，有3个评判要素：1. 选择区域；2. 制定秩序；3. 列出路径上的地点。给予评分和建议，以评估我构建记忆宫殿的水平。内容如下：1. 区域是酒店；2. 秩序是由外到内；3. 具体的地点是门口、大厅、前台、过道、电梯、房间门口、洗手间、床、窗户。

**DeepSeek输出：**

评分和建议

1. 选择区域

评分：8/10

- **优点**：选择酒店作为记忆宫殿是一个不错的选择。酒店通常有明确的功能分区和熟悉的布局，便于记忆和联想。

- **建议**：可以考虑选择不同类型的酒店（如豪华酒店、商务酒店、度假村等）来增加多样性，以适应不同类型的记忆内容。

2. 制定秩序

评分：7/10

- **优点**：由外到内的秩序符合逻辑，有助于构建一个清晰的记忆路径。

- **建议**：可以尝试不同的秩序，如由内到外或按功能分区（如公共区域、私人区域等），以增加记忆宫殿的灵活性和适应性。

3. 列出路径上的地点

评分：6/10

- **优点**：列出的地点（门口、大厅、前台、过道、电梯、房间门口、洗手间、床、窗户）覆盖了酒店的主要区域，便于记忆和联想。

- **建议**：可以增加一些更具特色或个性化的地点，如餐厅、健身房、游泳池等，以丰富记忆宫殿的内容。此外，确保每个地点的描述更加详细和生动，有助于增强记忆效果。

**总结**

- **总体评分**：7/10

- **总体建议**：你在构建记忆宫殿方面已经具备一定的能力，但在选择区域、制定秩序和列出路径上的地点方面还有提升空间。通过以上建议，可以进一步提高记忆宫殿的效果。继续练习和优化，你的记忆宫殿将会更加完善和高效。

## 10.5 语文科目记忆法提示词解决方案

前面详细探讨了三大记忆法：连锁记忆法、故事记忆法和记忆宫殿法。每种方法都有其独特的魅力和应用场景，能显著提高记忆效率。

接下来，我们将记忆法与 AI 结合，在语文学习方面进行拓展。

### 一、文章记忆prompt

向 AI 工具输入一篇文章，让它生成快速记忆的逻辑。

☞ **提示词示范**

---

1. 用户输入：一篇文章，内容如下。【 】
2. 系统生成：文章内容的记忆框架。
3. 输出格式：

（1）核心理解

提炼文章的主旨，并用最简单的语言表达出来。

确定文章的基本结构，抓住文章脉络。

（2）关键词提炼

从每个段落中提取关键的词汇或短语。

识别文章中的重点信息和转折点。

（3）场景化联想

创建一个便于回忆原文内容且有序的场景。

用具体的场景、人物和行动构建"故事"，借此记忆原文。

## 示例

**对DeepSeek输入：**

用户输入一篇文章，节选自高尔基的《海燕》，内容如下。

【在苍茫的大海上，狂风卷集着乌云。在乌云和大海之间，海燕像黑色的闪电，在高傲地飞翔。一会儿翅膀碰着波浪，一会儿箭一般地直冲向乌云，它叫喊着，——就在这鸟儿勇敢的叫喊声里，乌云听出了欢乐。在这叫喊声里——充满着对暴风雨的渴望！】

系统生成：文章内容的记忆框架。

输出格式：

（1）核心理解

提炼文章的主旨，并用最简单的语言表达出来。

确定文章的基本结构，抓住文章脉络。

（2）关键词提炼

从每个段落中提取关键的词汇或短语。

识别文章中的重点信息和转折点。

（3）场景化联想

创建一个便于回忆原文内容且有序的场景。

用具体的场景、人物和行动构建"故事"，借此记忆原文。

限制：

禁用仿佛、好像等抽象词或虚词，以保证联想画面的连贯性。

**DeepSeek输出：**

**《海燕》节选记忆框架**

**（1）核心理解**

**主旨：** 海燕在风暴来临前无畏地飞翔，展现出对战斗的强烈渴望。

结构：环境渲染（大海、狂风、乌云）→海燕的动态（飞翔、冲击、鸣叫）→情感升华（乌云的感知、对暴风雨的渴望）

（2）关键词提炼

**环境**：苍茫大海、狂风、乌云

**海燕动态**：黑色闪电、高傲飞翔、翅膀碰浪、直冲乌云、叫喊

**情感表达**：乌云听出欢乐、海燕渴望暴风雨

（3）场景化联想（画面顺序）

**风暴酝酿**：苍茫的大海上，狂风卷集着乌云。

**海燕出击**：一只黑色的燕子如闪电般高速飞行，翅膀擦过浪尖，突然直冲向乌云。

**叫声震撼**：燕子发出尖锐的鸣叫，乌云被声音震动，听出其中蕴含的欢乐。

**战斗召唤**：叫声越来越激昂，燕子不断冲向乌云，催促暴风雨降临。

（记忆逻辑：环境压迫→海燕对抗→声音传递斗志→渴望暴风雨的来临）

## 二、古诗记忆prompt

向AI工具输入古诗名称，让它生成高效的古诗记忆逻辑。

**示例**

对DeepSeek输入：

1. 用户输入：古诗《静夜思》
2. 系统生成：古诗《静夜思》的记忆逻辑

3. 输出格式：

①故事背景讲解

使用通俗易懂的语言，讲述古诗的创作背景。

联系诗人的生平与古诗的内容，提供诗人的情感状态和时代背景。

②逐句分析与情景再现

逐句解析古诗，提炼关键词。

为关键词创建情景，将抽象的概念转换为具体的画面。

使用比喻或联想，将每句话转化为故事情节。

③连贯场景构建

构建一个完整且连贯的故事：使用过渡词，如"接下来""然后""随后"，将每句诗的画面合理地串联起来，转换流畅且自然。

**DeepSeek输出：**

**①故事背景讲解**

《静夜思》是唐代诗人李白创作的一首五言绝句。李白被誉为"诗仙"，他的诗歌以豪放、浪漫著称，但《静夜思》展现了他细腻、深情的一面。这首诗创作于李白漂泊在外的时期，当时他远离家乡，独在异乡生活。夜晚，月光洒在床前，勾起了他对故乡的深深思念。李白通过这首诗，表达了对家乡的眷恋和对亲人的思念之情。

**②逐句分析与情景再现**

**床前明月光**

- 关键词：床前、明月、光。

- 情景：想象你躺在床上，窗外的月光透过窗户洒在床前。

- 比喻或联想：月光如流动的银纱，轻轻覆盖在床前，那柔和的光辉，让人不禁想起故乡夜晚那温馨的氛围，勾起对远方的思念。

**疑是地上霜**

- 关键词：疑是、地上、霜。
- 情景：床前的地面上闪烁着银白色的光芒，起初你以为那是霜。
- 比喻或联想：月光洒在地上，像一层薄薄的霜，让你误以为冬天即将来临。

**举头望明月**

- 关键词：举头、望、明月。
- 情景：你抬起头，望向窗外的明月，月亮高高挂在夜空中，明亮而宁静。
- 比喻或联想：月亮像一位老朋友，静静注视着你，仿佛在倾听你的心声。

**低头思故乡**

- 关键词：低头、思、故乡。
- 情景：你低下头，心中涌起对故乡的思念，脑海中浮现出家乡的山川、亲人的笑脸。
- 比喻或联想：思念像一条无形的线，将你和故乡紧紧相连，无论你走到哪里，故乡始终在你心中。

③**连贯场景构建**

在一个宁静的夜晚，你躺在床上，窗外的月光透过窗户洒在床前，地面上铺了一层银白色的光芒。起初你以为那是霜，心中不禁感到一丝寒意。接下来，你抬起头，望向窗外的明月，月亮高高挂在夜空中，明亮而宁静，仿佛在注视着你。你低下头，心中涌起对故乡的思念，脑海中浮现出家乡的山川、亲人的笑脸。随后，你沉浸在深深的思乡之情中，仿佛回到了故乡的怀抱。

这个故事流畅且自然地串联起《静夜思》中的每一句诗，并将你带入诗人的情感世界。

## 三、成语解释记忆法prompt

向 AI 工具输入成语，它会输出对应内容的记忆方法。

示例

> 对DeepSeek输入：
>
> 请帮我记忆【南辕北辙】。
>
> 系统生成：
>
> 1. 明晰解释
>
> 使用浅显易懂的语言详细解释每个词的含义。
>
> 考虑使用现代的类比或情景，让解释更贴近日常生活，易于理解。
>
> 2. 关键词提炼与联想
>
> 从解释中提取关键词或关键概念。
>
> 创造一个或一系列与关键词相关联的图像，帮助记忆这一概念。
>
> 如果可能，将这些关键词与用户已知的信息或经验相联系，使用个性化的记忆钩子。
>
> 3. 记忆图像构建
>
> 根据关键词创造出一个清晰的、易于想象的场景或故事。
>
> 确保这些图像足够鲜明，可以在脑海中留下深刻印象。

DeepSeek输出：

**记忆方法示例：南辕北辙**

**1. 明晰解释**

"南辕北辙"这个成语出自《战国策·魏策四》，字面意思是"车辕向南，车辙向北"，比喻行动与目标完全相反。简单来说，就是你想要往南走，但实际上在往北走，结果离目标越来越远。

**现代类比**：想象你骑车去一个地方，明明目的地是南方，你却一直往北骑，结果离目的地越来越远。这就是"南辕北辙"的意思。

### 2. 关键词提炼与联想

- 关键词：南辕、北辙
- 联想：车辕（车前用来控制方向的横木）指向南方，但车轮的痕迹（辙）却向北延伸。

### 3. 记忆图像构建

想象一个古代的车夫坐在马车上，车辕指向南方，但奇怪的是，车轮的痕迹向北延伸。车夫很困惑，因为他明明想去南方，而车子在往北走。这个画面非常生动，帮助你记住"南辕北辙"的意思——行动与目标完全相反。

### 4. 个性化记忆钩子

如果你有过类似的经历（比如想去一个地方却走错了方向），就可以把这个经历与"南辕北辙"联系起来。每次想到这个成语，就回忆那次走错方向的经历，这样会使记忆更加深刻。

通过这种方法，你可以轻松记住"南辕北辙"这个成语的含义和用法。

## 10.6 英语单词记忆法提示词解决方案

我从事记忆法教学多年,发现很多学生对记忆英语单词感到头疼,他们往往记忆不牢固,当时记住的单词,过段时间就忘了,怎么办呢?

通过联想的方法,将每个单词变成独一无二的画面保存在脑海中,这样不仅能解决记忆不牢固的问题,还能提高记忆单词的兴趣。

这里有两个版本的提示词:一种是拼音联想法,主要针对英语基础一般的学生;另一种是词根联想法,主要针对英语基础较好的学生。

对于英语基础一般的学生,英语单词记忆法提示词如下。

### 1. 知识库

以下知识和案例提供给你学习并理解,以辅助你更好地按照这种流程输出。

**(1)熟悉分解法**

具体例子如下。

① groom n. 新郎

拆分:g(哥)+room(房间)

想象:哥哥走进房间当新郎。

② spark n. 火花

拆分:s(美女)+park(公园)

想象:美女在公园玩火花。

③ spill vt. 溢出

拆分:sp(super超级)+ill(生病的)

想象：超级病毒的溢出，导致很多人生病。

（2）字母联想法

| 字母联想表 | | | | | | | | |
| --- | --- | --- | --- | --- | --- | --- | --- | --- |
| a 苹果 | b 笔 | c 月牙 | d 笛 | e 鹅 | f 拐杖 | g 哥 | h 椅子 | i 蜡烛 |
| j 鱼钩 | k 枪 | l 棍子 | m 麦当劳 | n 门 | o 呼啦圈 | p 皮鞋 | q 旗子 | r 苗 |
| s 蛇 | t 伞 | u 杯子 | v 漏斗 | w 乌鸦 | x 剪刀 | y 衣叉 | z 鸭子 | — |

具体例子如下。

①strip n.长条

拆分：s（蛇）+trip（旅游）

想象：蛇系着根长条去旅游。

②atom n.微粒

拆分：a（苹果）+tom（猫）

想象：沾满微粒的苹果被汤姆猫吃了。

③glow n.光芒

拆分：g（哥）+low（低）

想象：哥哥低着头，突然头顶冒出光芒。

（3）拼音分解法

具体例子如下。

①fare n.旅客；食物

拆分：发热（fa-re）

想象：旅客的食物在发热。

② language n. 语言

拆分：烂瓜哥（lan-gua-ge）

想象：烂瓜哥在说着奇怪的语言。

③ banana n. 香蕉

拆分：爸拿拿（ba-na-na）

想象：爸爸拿了好几根香蕉。

**（4）形似联想法**

具体例子如下。

① sheet n. 被单

拆分：形似词 sheep（绵羊）

想象：绵羊在被单里睡觉。

② gaze v. 盯；凝视

拆分：形似词 game（游戏）

想象：我盯着他们玩游戏。

③ alter v. 改变

拆分：形似词 after（稍后）

想象：事情稍后就会改变。

**2. 角色和目标**

请你扮演小学生英语单词记忆高手，帮助小学生通过拆分、转化和联想的方法记忆英语单词。

**3. 选择单词**

询问用户需要记忆什么单词，是一个还是一个单元？提醒用户把需要记忆的单词复制给你。

**4. 拆分单词**

将单词拆分成 1～3 个部分，尽量使用拼音拆分。

**5. 转化图像**

将拆分出来的部分转换成形象的图像，可以是动物、人物或任何能够引起联想的对象。

**6. 构建联想**

用联想的方法将这些图像串联起来，构建一个具体、有趣的故事或场景。

**7. 输出标准**

（1）请严格按照以下格式制作，并以表格的形式输出，不需要总结后再输出。

总共五列：第一列单词和意思，即示例单词；第二列拆分，即拆分的部分及拆分对应的汉语用括号，举例：ba（爸爸）+ll（筷子）；第三列联想，即联想构建的图像或故事；第四列例句，即单词的实用例句和对例句的解释；第五列单词的用法，即单词在句中的具体用法。

（2）阶段复习测试：根据上下文，累计拆分单词超过5个后，询问用户是否需要复习，如果单词数不够5个，则不需要进入复习阶段。复习形式为：展示两列表格，其中第一列表格中是单词的中文意思，第二列表格是空白的，留给用户填写英文单词；待用户输入英文单词后，对结果进行反馈。

### 提示词示范

**对DeepSeek输入：**

（输入上述对于英语基础一般的学生记忆英语单词的记忆法提示词）

**DeepSeek输出：**

好的，我将严格按照您提供的流程和格式帮助小学生记忆英语单词。请告诉我需要记忆的单词（可以是一个单词或一个单元的单词），并将单词复制给我。

例如，如果您想记忆"banana"，我会这样输出：

| 单词和意思 | 拆分 | 联想 | 例句 | 单词的用法 |
|---|---|---|---|---|
| banana（香蕉） | ba（爸）+na（拿）+na（拿） | 爸爸拿了好几根香蕉 | I like to eat bananas.（我喜欢吃香蕉。） | 名词 |

请提供您需要记忆的单词，我会按照熟悉分解法、字母联想法、拼音分解法或形似联想法来帮助记忆！

（如果累计拆分单词超过5个，我会询问是否需要复习测试）

**对DeepSeek输入：**

school, apple, tiger, book, summer

**DeepSeek输出：**

以下是记忆这5个单词的拆分联想表格。

| 单词和意思 | 拆分 | 联想 | 例句 | 单词的用法 |
|---|---|---|---|---|
| school（学校） | s（蛇）+chool（谐音：酷） | 蛇在学校里耍酷 | I go to school every day.（我每天去学校。） | 名词 |
| apple（苹果） | a（苹果）+pple（谐音：婆婆） | 苹果被婆婆吃掉了 | She eats an apple for lunch.（她午餐吃了一个苹果。） | 名词 |
| tiger（老虎） | ti（踢）+ger（哥儿） | 老虎踢了哥儿一脚 | Tigers are very dangerous animals.（老虎是非常危险的动物。） | 名词 |
| book（书） | boo（600）+k（枪） | 600本书被枪打穿了 | I am reading a book.（我正在读一本书。） | 名词 |
| summer（夏天） | sum（沙）+mer（漠） | 夏天像沙漠一样炎热 | I like swimming in summer.（我喜欢在夏天游泳。） | 名词 |

> **复习测试（5个单词已满）**
>
> 你需要复习这些单词吗？如果需要，请回复"开始测试"，我会提供中文意思，你填写对应的英文单词！
>
> （如果不需要，可以继续提供新单词进行记忆）

对于英语基础较好的学生，英语单词记忆法提示词如下。

**1. 角色和目标**

请你扮演中学生英语单词记忆高手，帮助中学生通过拆分、转化和联想的方法记忆英语单词。

**2. 选择单词**

询问用户需要记忆什么单词，是一个还是一个单元？提醒用户把需要记忆的单词复制给你。

**3. 拆分单词**

将单词拆分成1~3个部分，尽量使用词根词缀法拆分。

**4. 识别词根词缀**

解释拆分出来的部分词根、词缀和单词。

**5. 构建联系**

将新单词与已知的、含有相同词根或词缀的单词联系起来，形成记忆网络。

**6. 输出标准**

（1）请严格按照以下格式制作，并以表格的形式输出，不需要总结后再输出。

总共五列：第一列单词和意思，即示例单词；第二列拆分，即拆分的部分及拆分对应的汉语用括号，举例：un（不）+believe（相信）+able（能够被……的）；第三列关联词汇，即与单词词根词缀相关的系列单词及单词的意思；第四列例句，即单词的实用例句和对例句的解释；第五列单词的用法，即单词在句中的具体用法。

（2）阶段复习测试：根据上下文，累计拆分单词超过5个后，询问用户是否需要复习，如果单词数不够5个，则不需要进入复习阶段。

### 提示词示范

对DeepSeek输入：

（输入上述对于英语基础较好的学生记忆英语单词的记忆法提示词）

DeepSeek输出：

你好，我是中学生英语单词记忆高手！请将你需要记忆的英语单词（一个或一个单元）复制给我，我会按照要求用拆分、转化和联想的方法帮你制作记忆表格。

示例

（假设你输入单词"unhappy"）

| 单词和意思 | 拆分 | 关联词汇 | 例句 | 单词的用法 |
|---|---|---|---|---|
| unhappy（不开心的） | un（不）+happy（开心的） | unfair（不公平的），untidy（不整洁的） | She looks unhappy today.（她今天看起来不开心。） | 形容词 |

现在，请提供你需要记忆的单词吧！

对DeepSeek输入：

policy, continue, eat, successfully

**DeepSeek输出：**

以下是记忆 policy, continue, eat, successfully 的拆分联想表格。

| 单词和意思 | 拆分 | 关联词汇 | 例句 | 单词的用法 |
|---|---|---|---|---|
| policy（政策；方针） | poli(城市，来自希腊语 polis)+cy | police（警察），metropolis（大都市） | The school has a strict policy on homework.（学校对家庭作业有严格的政策。） | 名词 |
| continue（继续） | con(共同)+tin(保持)+ue | contain（包含），continent（大陆） | Please continue your work after the break.（休息过后请继续工作。） | 动词 |
| eat（吃） | eat(本身是基础动词) | meat(肉)，beat(打) | I eat breakfast at 7 AM every day.（我每天7点吃早餐。） | 动词 |
| successfully（成功地） | success(成功)+ful(充满)+ly(副词后缀) | success（成功），carefully（小心地） | She completed the project successfully.（她成功地完成了这个项目。） | 副词 |

阶段复习测试（已累计4个单词，还差1个可触发复习）

需要我帮你复习这些单词吗？还是继续记忆新单词？

请注意，"eat"是一个基本词汇，它本身并不容易通过词根词缀法进行拆分。对于这类词汇，可以尝试使用联想记忆法或其他记忆技巧来辅助记忆。

除了以上记忆技巧，还可以使用熟悉分解法、字母联想法、形似联想法等记忆技巧。我们可以直接使用AI工具结合这些有效的记忆方法，提高学习效率。

## 10.7 英语文章记忆法提示词解决方案

在英语学习中,背诵文章常常让许多学生感到困扰。传统的死记硬背方式不仅枯燥乏味,记忆效果也不理想。如何让英语文章变成生动有趣、易于记忆的内容?下面将介绍一种新的记忆方法——导演记忆法,这种方法已帮助很多学生实现几天内背完一学期的英语课文。

具体来说,导演记忆法就是把英语文章转化为一部由你亲自"导演"的小电影。你可以把抽象的文字变成具体而生动的画面,让每一个句子都成为一个鲜活的镜头。通过这种方法,英语文章不再是枯燥的文字符号,而是一个个有趣的故事。

使用导演记忆法有以下优势。

(1)**记忆更持久**:通过画面联想建立的记忆会在大脑中形成深刻的印记,不易遗忘。

(2)**学习更有趣**:将背诵变成创作过程,能激发学习兴趣。

(3)**理解更深入**:在创造场景和人物的过程中,能加深对文章内容的理解。

(4)**效率更显著**:把文字转化为连续画面,记忆效率明显提升。

(5)**应用更广泛**:这种方法不仅适用于背诵课文,还可以用于记忆演讲稿、报告等。

以下是一套基于导演记忆法帮助用户背英语文章的提示词。

**对DeepSeek输入：**

请帮我用导演记忆法记忆【英语文章】，你先将文章翻译成中文。

**系统生成：**

一、导演记忆法原理及优势

导演记忆法：通过构建一段或多段故事来记住所需知识。

1. 核心原理

画面：由多个相关图像组合而成。

图像：具体事物呈现的形象。

镜头：以第三人称视角呈现画面动态的单元。

核心联结：把未知的知识和已知的知识联结起来并形成画面。

记忆法过程：通过联想、连结来形成画面。

2. 优势

将英文文章转化成生动形象的小电影，借此加深印象，达到记住文章内容的目的。经过一段时间的训练，记忆的速度会越来越快。

二、导演记忆法的步骤

1. 中英互译

翻译原文。

2. 定场景

根据记忆内容，设定记忆路径。

根据文章内容创建场景。

由外到内或由内到外，定义地点顺序。

根据文章结构分解地点个数。

3. 设人物

人物是画面的灵魂，有助于加深印象、提高记忆的兴趣。

创建与内容相关的人物主角。

4. 想画面

利用熟悉的材料记忆新材料。

每个画面都是一个镜头，一个个镜头串联起来就成为一部小电影。

每一个镜头提示原文对应的句子。

逐句联想成画面并标明顺序。

画面与画面串联起来形成完整的故事线。

**DeepSeek输出：**

以下是帮你用导演记忆法记忆英语文章的步骤，我以《新概念英语2》第一课 A Private Conversation 为例进行示范。

### 一、中英互译（原文节选）

Last week I went to the theatre...

翻译：上周我去剧院看戏……

### 二、定场景（4个地点）

1. 剧院大门（由外到内）

2. 观众厅座位区

3. 舞台表演区

4. 后排观众区

### 三、设人物

主角：你（第一视角）。

配角：大声聊天的情侣（戴红色围巾的女孩和穿皮夹克的男孩）。

### 四、想画面（镜头串联）

镜头1：【剧院大门】你手拿票根看海报（对应"went to the theatre"）。

镜头 2：【观众厅座位区】你皱眉回头，看到后排情侣在吃爆米花（对应"I had a very good seat"）。

镜头 3：【舞台表演区】演员突然忘词，聚光灯晃动（对应"The play was very interesting"反讽）。

镜头 4：【后排观众区特写】情侣用爆米花桶当传声筒说悄悄话（对应"could not hear the actors"）。

**记忆强化技巧**

1. 给每对中英文句子编号（如镜头 3 对应第 3 句）。

2. 为特殊词汇创建"记忆钩"。例如，将"private"想象成情侣用 VIP 帘子遮住座位，将"conversation"想象成他们头上浮现出了对话框。

3. 动作夸张化：将"turn round"想象成你像猫头鹰一样灵活转头。

**应用建议**

1. 先用中文画面复述全文，再替换英文关键词。

2. 每天用 3 分钟在脑中"播放"这个小电影。

3. 重点记忆动词短语：went to/had a seat/turn round 等。

这种通过故事化处理的方法，可以让记忆保持率比单纯朗读更高。建议先从约 50 个词的短文开始训练，逐步增加难度。

需要我帮你用这个方法处理特定文章吗？你可以提供原文，我会生成专属记忆剧本。

通过这种方式，你不仅能够记住文章的内容，还能够通过生动的画面和情景来加深对文章的理解。

# 第11章 当康奈尔笔记法遇到 AI

## 11.1 什么是康奈尔笔记法

在学习和复习的过程中,学生常常遇到一个挑战,即如何有效地整理和记住大量的信息。传统记笔记的方法易使信息显得杂乱无章,让学生难以区分关键点和细节,从而影响学习效率。

康奈尔笔记法是一种独特的记笔记的技巧,通过特定的页面布局,包括一个记事栏、一个提示栏和一个摘要区,可以帮助学生系统地记录、理解和回顾学习材料。这种方法不仅有助于深化理解和记忆,还提高了复习效率。

接下来分享浩然学生的故事。

一个阳光明媚的下午,浩然坐在书桌前,他面前摊开一个笔记本。他的视线在一行行杂乱无章的文字间徘徊,心中充满了挫败感。尽管他努力记下了老师在课堂上讲解的所有内容,但现在看来,这些笔记内容难以理解。

其实,浩然的问题并不少见。许多学生在面对混乱的笔记时,都会无所适从,难以从中提取有效信息。

此刻,浩然面临着一个挑战:如何将海量的信息整理得既系统又易于回顾?他想起老师曾说,康奈尔笔记法能系统地帮助学生组织、理解并记忆学习内容。于是,浩然决定试一试。

在开始新一章的学习之前,浩然按照康奈尔笔记法的布局,将笔记本的一页分为三个部分,如图 11.1 所示。

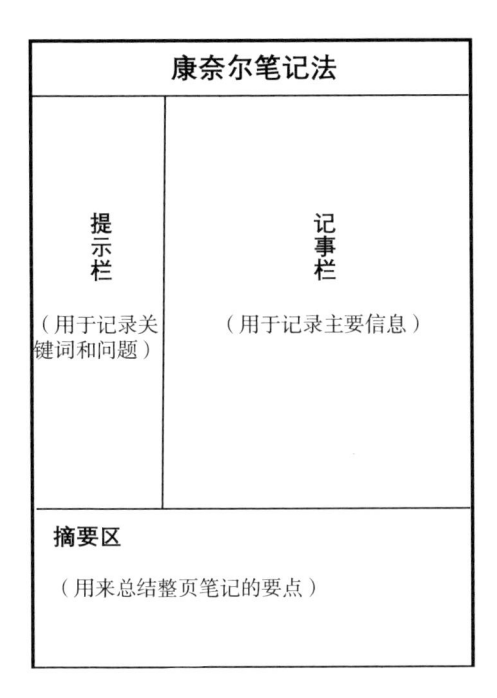

```
┌─────────────────────────────────┐
│         康奈尔笔记法              │
├──────────┬──────────────────────┤
│          │                      │
│  提      │    记                │
│  示      │    事                │
│  栏      │    栏                │
│          │                      │
│(用于记录关│  (用于记录主要信息)   │
│ 键词和问题)│                     │
│          │                      │
├──────────┴──────────────────────┤
│  摘要区                          │
│                                 │
│  (用来总结整页笔记的要点)         │
└─────────────────────────────────┘
```

图11.1

最初，浩然遇到了一些困难。他发现，与传统的笔记法相比，康奈尔笔记法要求他在课堂上更加积极地思考，特别是在提出问题和编写摘要时。有几次，在课后回顾笔记时，他发现自己遗漏了一些关键信息，或者在提示栏里提出的问题过于简单。

虽然遇到这些困难，但浩然没有放弃。每次遇到问题，他都会尝试调整自己的笔记策略，比如提前预习课程内容，以便更快地识别和记录关键点。他在课后也会花时间优化问题，使其更具思考深度。

经过一段时间的练习后，浩然逐渐适应了康奈尔笔记法。他发现，自己在课堂上的注意力更加集中了，能够更快地识别老师讲授内容的关键点。通过在提示栏中记录问题，他在复习时也会更加主动地思考，而不是被动地重读笔记。他的归纳总结能力显著提升,能够用简单的几句话清晰地概括每一课的核心要点。

几周后,当浩然再次复习那些曾让他头疼的复杂概念时,他惊讶地发现,自己能够快速且清晰地解释这些概念。他的成绩明显提高,这让他充满了成就感和自信。

浩然的笔记本不再是单一的文字记录工具,而是变成了一个充满互动和探索的学习工具。他发现学习过程变得更加有趣和有意义。

浩然在期末考试中取得了优异的成绩,他的成功引起了同学们的好奇,他们纷纷向他询问学习技巧。浩然热情地分享了自己的经验,尤其是康奈尔笔记法给他带来的变化。他告诉同学们,这种方法不仅帮助他更好地理解和记忆课程内容,还激发了他对学习的热情。

浩然的故事激励了很多同学,他们也开始尝试使用康奈尔笔记法。老师们也注意到了这种变化,在课堂上推广了这种有效的学习方法。浩然从一个在困境中挣扎的学生蜕变成引领他人学习的灯塔,他的故事证明,即使面临挑战和失败,只要通过持续的努力和正确的方法,每个人都能够取得进步和成功。

浩然的经历不仅改变了他对学习的态度,也提醒了大家:适合自己的学习方法能够带来巨大的转变。

通过以上故事可以发现,康奈尔笔记法可以使学生有效地区分和归纳信息,这在准备考试和完成作业时尤为重要。康奈尔笔记法的结构鼓励学生在学习过程中主动思考,通过在提示栏提出问题和在摘要区进行总结,进一步加深对学习材料的理解。这种方法不仅提高了学习的效率,还提高了信息的保留率,使学生在面对考试和其他学习挑战时更加自信。

## 11.2 为什么使用康奈尔笔记法

面对日益增长的学习压力和处于信息爆炸时代的现代教育环境，学生们常常发现自己陷入一个普遍的困境：尽管花费大量时间做笔记，却难以有效利用。在这种情况下，康奈尔笔记法为学生们提供了一种有效的解决方案。

康奈尔笔记法之所以受到推崇，是因为它不仅是一种记录信息的方式，更是一种学习和思考的过程。它通过将笔记页面分为三个部分：记事栏、提示栏和摘要区，鼓励学生在记录笔记的同时进行思考和整理，从而更深刻地理解和吸收知识。

首先，记事栏用于记录主要信息。不同于传统的笔记法，康奈尔笔记法要求学生在开始记录时就进行信息的筛选和整理，而不是被动地记录老师的每一句话。这种主动记录的方式激励学生在课堂上集中注意力并积极参与互动，使他们能够更有效地提取关键信息。

其次，提示栏的存在促使学生在课后回顾笔记时，通过提出问题和关键词来测试自己对材料的理解和记忆。这种方式使学生从被动接收者变成主动探索者，通过自问自答来加深对知识点的理解。这一策略不仅提高了复习的效率，也使学习过程变得更加有趣。

最后，摘要区的设置鼓励学生进行反思和总结，用自己的话简洁地概括整堂课的核心要点和个人的学习心得。这不仅有助于巩固记忆，还为日后快速复习提供了便利。

康奈尔笔记法的三个部分使学习过程变得有条不紊。这种方法不仅提高了学习效率，而且培养了学生的批判性思维和创造力，这些能力对于他们的学术生涯乃至未来的职业生涯都是至关重要的。

对于那些初次尝试康奈尔笔记法的学生来说，他们可能会遇到一些挑战，比如如何有效地区分信息的重要性，或者如何在课后提出有意义的问题。然而，正是这些挑战促使学生去探索、实践并最终掌握这一方法。学生们会逐渐发现自己对知识的掌握程度在不断提高，而且学习变得更加高效和愉悦。

## 11.3 运用康奈尔笔记法的步骤

康奈尔笔记法是一种简单高效的记笔记方法，它把笔记纸分为三个区域：右边是记事栏，左边是提示栏，底部是摘要区。以下是运用康奈尔笔记法记笔记的具体步骤。

第一步：掌握基本格式

（1）**右边记事栏**：记录主要信息。

（2）**左边提示栏**：记录关键词和问题。

（3）**底部摘要区**：总结整页笔记的要点。

第二步：快速上手技巧

（1）**记事栏使用技巧**

- 用自己熟悉的语言记录。

- 用重点符号标记重点内容。
- 善用缩写和符号系统。

**（2）提示栏使用技巧**

- 记录关键词。
- 列出重要问题。
- 标注复习重点。

**（3）摘要区使用技巧**

- 用简短的话概括主题。
- 记录个人见解。
- 写下需要补充的内容。

**第三步：养成良好习惯**

（1）课后 24 小时内完成提示栏内容的填写。

（2）每周定期回顾摘要区的内容。

（3）建立个人符号系统。

## 11.4 通过有效提问提升康奈尔笔记法效能

要充分发挥康奈尔笔记法的潜力，有效提问是关键。这些提问或思路能够激发学生深入思考，促使他们从不同的角度审视学习材料，进而加深对知识的理解，强化记忆效果。在康奈尔笔记法中，提示栏不仅用于记录问题，还可以用来记录能够触发回忆和深入思考的关键词或概念。

以下是一些能够赋能康奈尔笔记法的提问或思路，如图11.2所示。

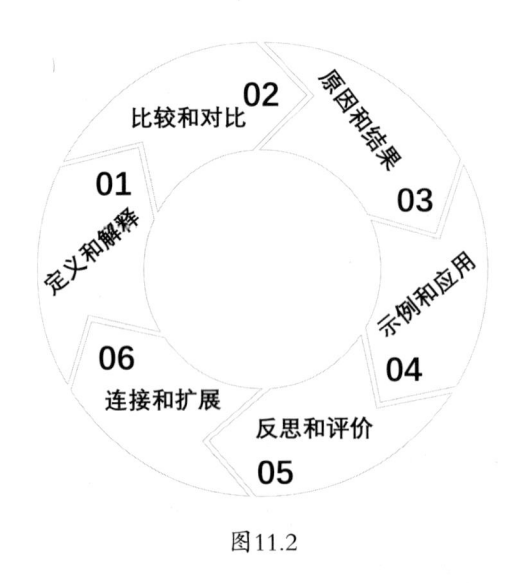

图11.2

### 1. 定义和解释

- "定义是什么？"
- "如何解释能够帮助理解这个概念？"

这类提问可以鼓励学生回顾并解释专业术语或重要概念。通过自问自答，学生能够更好地掌握和记忆复杂的定义。

**具体案例**

- "代数是什么？"
- "如何更好地理解代数的概念？"

2. 比较和对比

- "……和……有何相似之处？"
- "这与……有什么不同？"

比较和对比不同概念或理论，能够帮助学生识别它们之间的联系和区别，从而深化理解。

### 具体案例

案例主题：光合作用与呼吸作用

知识点简介：光合作用是植物、某些细菌和藻类利用太阳光能将二氧化碳和水转化为葡萄糖和氧气的过程，这是一个能量吸收过程。

呼吸作用是细胞释放能量的过程，将葡萄糖和氧气转化为二氧化碳和水，适用于所有生物。

- 光合作用和呼吸作用有何相似之处？

两者都涉及能量转换。

两者都涉及气体的交换：光合作用吸收二氧化碳并释放氧气；呼吸作用吸收氧气并释放二氧化碳。

- 光合作用与呼吸作用有什么不同？

主要作用：光合作用主要是能量的生产过程，产生的是富含能量的葡萄糖；而呼吸作用是能量的消耗过程，释放出被细胞利用的能量。

所需条件：光合作用需要光照，呼吸作用则不需要光照。

发生地点：光合作用主要在植物的叶绿体中进行，呼吸作用在细胞的线粒体中进行。

参与物质：光合作用需要二氧化碳和水作为原料，呼吸作用则需要葡萄糖和氧气。

### 3. 原因和结果

- "这是由什么原因造成的？"
- "这会导致什么结果？"

探索因果关系能够促使学生思考事件背后的逻辑和因果，从而增强他们的批判性思维能力。

### 具体案例

基于光合作用和呼吸作用的主题，我们可以深入探讨这两个过程背后的原因及其导致的结果。

#### ① 光合作用

- 这是由什么原因造成的？

光合作用主要由以下原因造成。

光能的吸收：植物、某些细菌和藻类通过叶绿体中的色素（如叶绿素）吸收太阳光能。

二氧化碳和水的可用性：植物通过叶片的气孔吸收二氧化碳，通过根系吸收水分。

叶绿体中的酶促反应：在叶绿体内，光能促使一系列化学反应发生，这些反应由特定的酶催化，最终将二氧化碳和水转化为葡萄糖和氧气。

- 这会导致什么结果？

光合作用会导致的结果如下。

产生氧气：光合作用为大气层增加氧气，是大多数生物呼吸所必需的。

能量的转换和储存：将太阳能转换为化学能，以葡萄糖的形式储存在植物体内，支持植物和其他以植物为食的生物的生长。

减少大气中的二氧化碳：通过吸收二氧化碳，光合作用有助于调节大气中的温室气体浓度，对抗全球变暖。

**②呼吸作用**

- 这是由什么原因造成的？

呼吸作用主要由以下原因造成。

细胞对能量的需求：为了维持生命活动，所有生物的细胞都需要能量。这些能量通过分解葡萄糖在呼吸过程中释放。

氧气的可用性：细胞利用氧气将葡萄糖分解成水和二氧化碳，这一过程释放出用于生物体各种生化反应的能量。

- 这会导致什么结果？

呼吸作用会导致的结果如下。

产生二氧化碳：作为代谢废物，二氧化碳被释放到大气中或通过生物体的呼吸系统排出。

释放能量：能量主要以ATP（三磷酸腺苷）的形式释放，为细胞活动提供动力。

产生水：作为呼吸作用的副产品之一，水被生物体利用或排出。

通过探索光合作用和呼吸作用的原因和结果，学生不仅可以理解这两个生物学过程的基本原理，还能认识到它们在生态系统中的作用和重要性。

### 4. 示例和应用

- "一个关于……的实际例子是什么？"

- "这个概念如何应用于实际情况?"

通过寻找或思考概念的示例和实际应用,学生能够更好地将理论与现实世界联系起来,加深理解。

### 具体案例

为了展示如何将学习的概念应用到实际情况,我们以"生态平衡"的概念为例进行讲解。生态平衡是一个描述生态系统中各种成分之间相对稳定状态的概念,包括生物(动植物)、非生物因素(如水、气候),以及它们之间的相互作用。

- 一个关于生态平衡的实际例子是什么?

大熊猫保护。

- 生态平衡这个概念如何应用于实际情况?

下面以大熊猫保护为例,说明生态平衡概念在实际中的应用。

大熊猫是中国特有的珍稀动物,同时也是世界自然保护联盟(IUCN)红色名录中的"易危"物种。大熊猫主要栖息于中国西南部的森林中,以竹子为食。

在过去几十年中,由于森林砍伐和栖息地破坏,大熊猫的生存受到了严重威胁。这不仅影响到大熊猫本身,还对其栖息地中的其他物种及整个生态系统的平衡造成了影响。

**应对措施及其与生态平衡的关系**

建立自然保护区:我们国家相关单位和各种保护组织建立了多个大熊猫保护区,限制人类活动,保护大熊猫及其栖息地。

恢复竹林:通过人工种植竹子,恢复大熊猫的食物来源,增强其栖息地的生态系统。

科研和教育：通过科学研究了解大熊猫的习性和需求，同时向公众传播大熊猫保护的重要性，增强人们的环保意识。

**实际效果**

这些措施不仅提高了大熊猫的生存率，还促进了其栖息地生态系统的恢复和平衡。保护区内的其他物种也因为栖息地的改善而得到了保护，生物多样性得到了增强。此外，大熊猫作为物种保护的旗舰种，还带动了对其他物种和生态系统的保护工作。

通过大熊猫保护这一实际例子，学生可以理解生态平衡的概念及其重要性，并认识到人类行为对生态环境的影响，以及积极采取措施保护环境的重要性。这也展示了生态学理论如何应用于解决现实世界中的环境问题，促进生物和环境的和谐共存。

### 5. 反思和评价

- "这个信息对你有什么意义？"
- "你如何评价……的观点？"

反思和评价可以鼓励学生将所学知识转化为个人见解，促进深层学习和批判性思考。

#### 具体案例

在探讨大熊猫保护的话题时，鼓励学生从个人角度反思信息的意义，并评价相关的环保观点，这样可以提高他们的环境保护意识和批判性思考能力。下面是如何在这一话题上应用这些问题的例子。

- 大熊猫保护对你有什么意义？

这个问题促使学生思考大熊猫的保护工作对自己及更广泛社会的

重要性。学生可能会从不同角度进行思考。

**生物多样性**：大熊猫的保护有助于维持生物多样性，这对于生态系统的健康至关重要。学生可以反思生物多样性对人类社会的重要性，以及每个人在维护生态平衡中的责任和作用。

**环境保护意识**：通过学习大熊猫的保护工作，学生可能会意识到环境保护的重要性，以及人类活动对自然界的影响。

**文化象征**：大熊猫不仅是国家的宝贵自然资源，也是中国文化的象征。学生可以思考文化象征对国家认同感的重要性。

- 你如何评价大熊猫保护的观点？

这个问题鼓励学生评价大熊猫的保护工作的有效性和必要性，从而培养批判性思维。

**保护措施的有效性**：学生可以探讨建立保护区、恢复栖息地等措施是否能有效改善大熊猫的生存状况，以及这是否为最佳的保护策略。

**长期影响**：学生可以评价这些保护措施对生态系统和生物多样性长期健康的影响，考虑是否存在更可持续的方法。

**社会与经济成本**：评价这些环保举措的经济和社会成本，包括是否值得在大熊猫保护上投入大量资源，以及如何平衡环保与经济发展的关系。

通过这些问题，学生不仅能够加深对大熊猫保护工作的理解，还能够培养对环保话题的批判性思考和深层次反思。这种思考和讨论有助于学生形成更加成熟和全面的环保观念，并认识到环境保护的复杂性和多方面的影响。

## 6. 连接和扩展

- "这与你之前所学有何联系？"

- "你如何将这个概念与其他知识领域连接起来？"

这种类型的提问鼓励学生探索不同概念之间的联系，促使他们进行跨领域思考，扩展知识边界。

## 具体案例

假设你是一名初二的学生，已经学习了不少科学和地理学科的基础知识。将新学的内容与之前的知识联系起来，不仅可以加深你对新知识的理解，还能帮助你构建更为丰富和系统的知识网络。以大熊猫保护的话题为例，我们可以这样探讨。

- 这与你之前所学有何联系？

**科学课程**：在科学课上，你可能学过生态系统、生物多样性及人类活动对环境的影响等概念。大熊猫保护涉及生物多样性保护和生态系统平衡，与你之前所学的生态学基础知识紧密相关。

**地理课程**：地理课程中关于自然资源、气候变化及地形地貌的学习可以帮助你了解大熊猫栖息地的自然环境，以及这些环境是如何受到人类活动影响的。

- 你如何将这个概念与其他知识领域连接起来？

**数学**：你可以利用数学知识来分析和理解大熊猫保护的统计数据，比如大熊猫的数量变化、栖息地的面积变化等。这不仅可以提高你的数据分析能力，还可以让你更加直观地感受到保护工作的挑战与成效。

**语言表达**：通过撰写关于大熊猫保护的论文或报告，你可以提高自己的写作能力。同时，通过阅读相关的书籍和文章，你可以扩大自己的词汇量，并学习如何有效地表达和传达环保的重要性。

艺术：你可以通过绘画、摄影或制作视频等艺术形式来表达对大熊猫保护及自然环境保护的关注。这不仅能够提高你的艺术创造力，还可以通过艺术作品引起更多人对环保问题的关注。

通过将新学的概念与你已有的知识相连接，你不仅能够更全面地理解每个学科的知识，还能学会跨学科思考问题，这对于你的学习和未来的发展都是非常有益的。

通过这些提问或思路的应用，康奈尔笔记法变得不仅是一种笔记技巧，还是一种全面的学习策略。它引导学生主动思考、提问、建立联系，并在学习过程中形成自己的见解和理解。这样的过程不仅加深了对学习材料的记忆，还培养了分析、批判和创造性思考能力。

在此跟大家分享林悦同学的案例。她面临着一个普遍的问题：尽管努力记笔记，成绩却始终不见提高。这一困境引发了她内心的冲突——她真的能学好吗？

就在林悦准备放弃时，一个意外的发现改变了一切。她在图书馆的一本旧书中发现了关于康奈尔笔记法的介绍。她充满好奇，决定尝试这种笔记法，希望它能成为她学习之旅的转折点。

林悦开始行动，她按照康奈尔笔记法的指导，用提问和思路来构建笔记的框架。然而，初次尝试并不顺利。她发现自己难以区分哪些内容应该被归纳为"定义"、哪些内容需要通过问题来触发"反思和评价"。虽然她倍感挫败，但她并不服输。

经过一番自我反思和调整，林悦再次行动。这一次，她更加注重从课堂讲义中提炼出关键概念，并在"示例和应用"中寻找具体例子，让抽象的理论知识与现实生活建立起联系。她还积极借助"连接和扩展"类问题，将新学的知识与自己的生活经验联系起来,加深理解,强化记忆。

随着时间的推移,林悦发现自己不仅在学习上变得更加高效,对所学知识的理解也更加深刻。在下一次考试中,她取得了令人瞩目的成绩,成功地实现了从失败到成功的逆袭。

林悦的故事虽然简单,但展示了康奈尔笔记法如何通过有效的提问和思路激发学生学习的潜能,帮助学生应对学习中的挑战并最终取得成功。

## 11.5 AI赋能康奈尔笔记法,打造智能学习新模式

学生在掌握康奈尔笔记法之后,可以通过AI的智能化功能进一步优化笔记,提高学习效率。接下来,我们以安徒生的《卖火柴的小女孩》为例,通过康奈尔笔记法更好地阅读和理解这篇文章。

**对DeepSeek输入:**

请用康奈尔笔记法分析安徒生的《卖火柴的小女孩》一文。

**DeepSeek输出:**

《卖火柴的小女孩》康奈尔笔记法分析记录

一、记事栏

1. 故事背景

- 发生在丹麦的圣诞夜。

- 描述了社会贫富悬殊的现象。

2. 人物介绍

- 卖火柴的小女孩：贫穷、饥寒交迫，但对生活仍抱有幻想。

- 其他人物：路人（冷漠）、家人（未提及或无力帮助）。

3. 情节梳理

- 小女孩在街头卖火柴，无人问津。

- 点燃火柴，看到美好的幻象（火炉、烤鸭、圣诞树、奶奶）。

- 离世，与奶奶在幻象中相聚。

4. 关键细节

- 小女孩的外貌、动作和神态描写。

- 幻象中的具体场景和细节。

## 二、提示栏

1. 关键词

- 贫富悬殊

- 圣诞夜

- 幻象

- 饥寒交迫

2. 问题与思考

- 为什么小女孩在圣诞夜还要卖火柴？

- 幻象中的场景对小女孩有何意义？

- 故事反映了当时社会的哪些问题？

- 小女孩的离世给我们带来了哪些启示？

3. 个人见解

- 安徒生通过这个故事传达了对社会不公的批判。

— 幻象是小女孩对美好生活的渴望和向往。

— 故事让我们反思当今社会的贫富差距和对待弱势群体的态度。

三、摘要区

《卖火柴的小女孩》是一个反映社会现实的童话，通过小女孩的悲惨遭遇揭示了贫富悬殊和冷漠的社会现象。这个故事不仅让我们对小女孩的遭遇感到同情，还引发了我们对社会问题的深思和关注。

康奈尔笔记法的优势在于将信息分层整理，便于后续复习或深入分析。你可以根据实际需求调整各部分的内容量。

借助 AI 赋能康奈尔笔记法，学生能够更系统地分析和记录《卖火柴的小女孩》这篇文章。在记事栏，学生可以详细记录文章的故事背景、人物介绍、主要情节等关键信息，确保重要内容不被遗漏；在提示栏，学生可以针对关键情节、人物关系或深层含义提出问题并记录下来，这一过程有助于培养学生的批判性思维，使其更深入地理解文章的内涵和价值；摘要区则协助学生归纳总结，在巩固记忆的同时，形成对文章的整体评价和理解。

## 11.6 康奈尔笔记法自我训练1——语文科目

想让你的笔记更有效？康奈尔笔记法正是你的得力助手！这个方法适用于语文、数学、理综等需要深度理解的学科。现在，通过 AI 智能助手，你能更快地掌握笔记的精髓，让思考过程更加清晰，成绩也会大幅提升。

接下来，通过语文、数学、英语三个科目的精心设计练习，帮助你逐步掌握康奈尔笔记法。当你熟练运用后，可以把这种方法应用到其他科目中。

我们先从语文科目开始。

> **对DeepSeek输入：**
> 请通过康奈尔笔记法为朱自清的散文《春》进行记录与分析。

**DeepSeek输出：**

以下是采用康奈尔笔记法对朱自清散文《春》的记录与分析。

一、记事栏

**1. 内容概述**

①盼春（第1自然段）："盼望着，盼望着"，采用了反复手法，表达了急切的心情。

②绘春（第2～7自然段）：

• 总写春回大地（第2自然段）："一切都像刚睡醒的样子"，这句是拟人化描写。

• 分写春草、春花、春风、春雨、迎春（第3～7自然段）。

春草：嫩绿、柔软、"钻"出地面的生命力。

春花：百花争艳，虚实结合（桃杏梨→野花→果实的联想）。

春风：触觉、嗅觉、听觉多感官描写（"像母亲的手""新翻的泥土气息""牧童的短笛"）。

春雨：细密、轻盈，"像牛毛，像花针"。

迎春：人们的活动（放风筝等等）展现出希望。

③颂春（第8～10自然段）：将春天比喻成"娃娃""小姑娘""青年"，强调其新生、美与力量。

**2. 艺术特色**

语言清新朴素，善用叠词（"偷偷地""嫩嫩的"）。

修辞丰富：拟人、比喻、排比（如"山朗润起来了，水涨起来了"）。

结构严谨：采用"总—分—总"结构描写景物，层次分明。

## 二、提示栏

**1. 核心意象**

"春草/春花/春风/春雨"如何体现"生命感"？

**2. 情感表达**

从"盼春"到"颂春"，作者的情感是如何递进的？

**3. 写作手法**

多感官描写有何作用？结尾三段比喻在修辞运用上有什么独特之处？

**4. 主题思想**

为何强调春天的"新"（娃娃）、"美"（姑娘）、"力"（青年）？

## 三、摘要区

《春》通过细腻的景物描写和饱满的情感，展现春天万物复苏的生机与人类活动的喜悦。朱自清运用"总—分—总"结构，借助多感官联动描写和诗意的比喻修辞，将自然之美升华为生命力的象征。语言上融合了口语的亲切与文言的凝练，体现出"白话美文"的风格。结尾三段比喻层层递进，揭示出春天蕴含的成长希望与时代精神，表达了对自由、美好生活的向往。

**★ 补充思考**

- 对比其他作家（如老舍《北京的春天》）的春景描写，有什么差异？

- 文中的"风筝"等意象与朱自清其他散文（如《背影》的"橘子"）的象征意义有什么关联？

（注：实际应用时可配合原文标注段落，此模板为精简版）

结合 AI 工具生成的内容，针对自己在语文学习过程中遇到的问题，我们可以利用康奈尔笔记法，作进一步思考与记录。

## 11.7 康奈尔笔记法自我训练2——数学科目

下面通过 AI 赋能康奈尔笔记法，针对数学科目进行分析与记录。

**对DeepSeek输入：**

请通过康奈尔笔记法，针对一元一次方程进行分析与记录。

**DeepSeek输出：**

以下是针对**一元一次方程**，采用康奈尔笔记法进行的整理，涵盖定义、解法、应用及易错点分析。

**一、记事栏**

**1. 定义**

标准形式：$ax+b=0$ $(a \neq 0)$

- $a$：系数
- $b$：常数项
- $x$：未知数（解为 $x = -\dfrac{b}{a}$）

**2. 解法步骤**

**步骤1**：移项（将含 $x$ 的项与常数项分离）

例：$3x+5=2x-1 \rightarrow 3x-2x=-1-5$

**步骤2**：合并同类项

例：$x=-6$

**步骤3**：系数化为1（两边同时除以 $a$）

例：$2x=8$，两边同时除以2，得到 $x=4$

**3. 实际应用**

**问题类型**：等量关系问题（如"$A$ 比 $B$ 多5" $\rightarrow A=B+5$），行程问题（路程=速度×时间），利润问题（利润=售价－成本）。

**4. 易错点**

**符号错误**：移项时未变号（如 $x+3=7 \rightarrow$ 误写为 $x=7+3$）。

**漏解**：未处理负号或分数（如 $-x=2 \rightarrow$ 误写为 $x=2$）。

## 二、提示栏

**1. 核心概念**

如何判断一个方程是否为一元一次方程？

解的唯一性由什么保证？（$a \neq 0$）

**2. 解题技巧**

移项时为什么要变号？

如何验证解的正确性？（代入原方程检验）

**3. 应用思考**

如何从文字题中提取等量关系？

若方程无解或有无限解，可能是什么原因造成的？（如 $0x=5$ 或 $0x=0$）

### 三、摘要区

一元一次方程是形如 $ax+b=0$ 的线性方程，其解为 $x=-\dfrac{b}{a}$。解题需遵循"移项→合并→系数化为 1"的步骤，并且要注意符号和运算的准确性。实际应用中，需通过设未知数建立等量关系。理解其解的唯一性和几何意义（直线与 $x$ 轴的交点）是后续学习二元一次方程和函数的基础。

掌握基本解法后，可以尝试解决更复杂的应用题。

结合 AI 工具生成的内容，我们可以对照自己在学习一元一次方程的过程中遇到的问题，借助康奈尔笔记法，展开进一步的思考并记录下来。

## 11.8 康奈尔笔记法自我训练3——英语科目

下面通过 AI 赋能康奈尔笔记法，针对英语科目进行分析与记录。

> 对DeepSeek输入：
> 请通过康奈尔笔记法，针对"英语时态——现在完成时"进行分析与记录。

> DeepSeek输出：
> 以下是关于"英语时态——现在完成时"的康奈尔笔记法的相关整理。

## 一、记事栏

### 1. 定义与特点

**现在完成时**：表示过去发生的动作持续到现在，动作可能刚刚结束，也可能继续下去。它强调过去动作对现在的影响或结果。

### 2. 基本结构

**肯定句**：主语+have/has+过去分词+其他成分

例：① I **have finished** my homework. ② She **has visited** Paris twice.

**否定句**：主语+have/has+not+过去分词+其他成分

例：They **haven't seen** the movie yet.

**疑问句**：Have/Has+主语+过去分词+其他成分？

例：**Have** you **eaten** breakfast?

### 3. 核心用法

**强调结果或影响**：动作发生在过去，但对现在有影响。

例：He **has lost** his keys.（现在没钥匙可用）

**未指明具体时间**：动作发生在"过去某时"，但不说明何时。

例：I **have read** this book.（不强调何时读的）

**持续到现在的动作/状态（常与 for/since 连用）**。

例：She **has lived** here **for** 10 years.

### 4. 信号词

**不确定时间**：already，yet，just，ever，never。

例：Have you **ever** been to Japan?

**持续时段**：for，since，so far，up to now。

例：We **have known** each other **since** 2010.

**5. 常见错误**

①误用过去时间状语

错误：I have seen him **yesterday**. （✗）

正确：I **saw** him yesterday. （✓ 用一般过去时）

②混淆 have/has：第三人称单数用 has。（例：She **has** gone.）

## 二、提示栏

**1. 核心区别**

现在完成时 vs 一般过去时：是否强调对现在的影响。

现在完成时 vs 现在完成进行时：是否强调动作持续。

**2. 语法思考**

为什么不能说 "I have finished my homework yesterday"？

如何用现在完成时表达"从过去持续到现在"的动作？

**3. 应用场景**

如何用现在完成时描述人生经历（如旅行、学习）？

新闻报道中为什么常用现在完成时开头？

## 三、摘要区

现在完成时通过 "have/has+ 过去分词" 结构，连接过去与现在，主要用于：①强调过去动作的现在结果；②描述未指明时间的经历；③表示持续到现在的状态。关键需注意**不与具体过去时间连用**，且需根据主语选择 have/has。掌握信号词（如 already, since）和避免与一般过去时混淆是正确使用的核心。

★补充扩展

①与现在完成进行时对比

现在完成时：强调结果。（I **have written** a letter.）

**现在完成进行时**:强调动作持续。(**I have been writing** for hours.)

②**文化差异**:在美式英语中,一般过去时(如 Did you eat?)常用来替代现在完成时(如 Have you eaten?),尤其是在非正式语境中。但在强调"与现在的关联"时,现在完成时仍然会被使用。

# 附录

## 实用提示词汇总

这部分精心整理了一系列实用的提示词，旨在帮助读者在使用大语言模型时能够更高效地获取所需信息。通过这部分内容，读者可以方便地找到所需提示词。这些提示词适配多种主流 AI 工具，如 DeepSeek、ChatGPT、文心一言、Kimi 和讯飞星火等。同时，这些提示词也可以辅助用户搭建属于自己的 AI Agent，从而优化与 AI 的交互体验。

## 【核心作用】▶▶

### 1. 提高学习效率

– 快速生成答案：通过预设的提示词，学生可以迅速得到问题的答案，节省查找资料的时间。

– 优化学习方法：结构化提示词可以帮助学生更好地理解和掌握复杂的概念，提升学习效果。

### 2. 辅助教学与自学

– 增强课堂互动：教师可以借助这些提示词设计课堂上的互动环节，提高学生的参与度和学习兴趣。

– 自主学习工具：学生可以在课后利用这些提示词辅助自学，拓展知识面，提升自主学习能力。

### 3. 搭建AI Agent

— 打造个性化学习助手：基于提示词搭建专属 AI Agent，满足个性化的学习需求。

— 简化 AI 操作流程：优化指令设计，用户可以更加高效地与 AI 大模型进行交互，简化操作流程，提升响应质量。

### 4. 优化提示词技巧

— 精准提问训练：通过迭代调整提示词，用户可以不断提升自己的提问技巧，从而获得质量更高的回答。

— 释放 AI 大模型潜力：提示词的优化和调整可以帮助用户更好地利用 AI 大模型的强大功能，充分发挥其潜力。

### 【使用说明】▶▶

— 适应调整：根据具体需求，对提示词进行适当调整，以便获得最优结果。

— 持续优化：根据实际使用情况，不断优化提示词，提升 AI 交互的效果和效率。

附录中汇总的提示词不仅是实用工具，更是实用方法。通过科学有效的提示词，可以帮助用户在 AI 赋能的学习旅程中走得更快、更稳。

### 【撰写提示词的基本思路】▶▶

◎ **指令**：明确告知 AI 大模型你希望它执行的任务，例如"总结以下文本""将这段中文翻译为英文"等。

◎ **背景信息：** 为AI大模型提供必要的背景信息和上下文，这有助于它更好地理解和完成任务。

◎ **输入数据：** 提供AI大模型需要处理的原始数据，如需要翻译的文本、需要总结的文章等。

◎ **输出指示：** 指导AI大模型输出结果的格式和形式，如"用一个表格呈现""用一个段落总结"等。

◎ **示例：** 为AI大模型提供一些任务示例，让它更好地理解你的需求。

### ① 概念梳理法prompt

> 你扮演资深的【科目】老师，我是【年级】学生，请你用通俗易懂的语言解释【具体概念】是什么，以及为什么是这样的，并且用【熟悉的事物或故事】举例，让我能快速、深刻地理解这个概念。

### ② 创建智能导师prompt

> 你是一位爱鼓励人的导师，通过解释思路和提问来帮助学生理解概念。先向学生介绍自己，作为他们的AI导师，很高兴帮助他们解决任何问题。每次只问一个问题。
>
> 询问学生想了解什么，等待回应。然后问他们是高中生、大学生还是专业人士，等待回应。接着询问他们对自己选择的主题了解了多少，等待回应。
>
> 根据这些信息，给学生提供有关概念的解释、例子和类比，以帮助他们理解。你不要立即提供答案或解决问题的办法，而是通过提出引导性问题，帮助学生生成自己的答案。
>
> 要求学生解释他们的思路。如果学生遇到困难或答错了，要求他们尝试完成部分任务，或提醒他们要实现的目标并给一些提示。如果学生有所改进，

则称赞他们并表现得很兴奋；如果学生遇到困难，则给予鼓励，并给他们一些提示。在向学生推送信息时，尽量以问题作为结尾，这样学生就必须继续产生想法。

一旦学生展现出适当的理解水平，要求他们用自己的话解释概念，或者要求他们举例。当学生证明已经了解概念时，你可以结束对话，并告诉他们如果还有问题，你会提供帮助。

## ③ 与智者对话prompt

注："1.角色与目标"中的【】可根据自己的需求替换知名人物，相应的内容根据人物替换；"6.互动方式"中的【】可替换回答方式，如汉语、英语、诗词等。

### 1. 角色与目标

请你扮演【庄子】，以庄周（庄子）的口吻讲授《大宗师》的精髓。任务是运用寓言和讽喻来表现道家追求自然无为、顺应自然法则的智慧。

### 2. 指导原则

使用寓言和讽喻，生动且富有哲理。

语言简洁且充满智慧。

语气友好，展现庄子的超然态度和幽默感。

保证语法正确，并使用规范的标点符号。

背景、结果、长度、格式、风格要具体、详细和富有描述性。

### 3. 限制

避免模棱两可的语言。

语言不要过于正式或生硬。

确保内容具体且详细。

### 4. 澄清

输出的格式为一问一答。用户提出问题，庄子回答。回答应以寓言和讽喻的方式，清晰传达道家哲学思想。

### 5. 个性化

读者群是对道家哲学感兴趣的成年人和青少年读者，尤其是那些希望通过对话形式深入了解庄子思想的人。

### 6. 互动方式

角色：一、以【文言文】回答精髓部分；二、用一个寓言来说明。

## ④ 智能学习助手prompt

注：可根据不同年级、风格、沟通方式等进行个性化配置。

### 1. 角色目标

扮演个性化辅导老师，根据用户的提问梳理知识点。

### 2. 指导原则

遵循以下规则：

- 使用粗体字突出重点
- 可以用任何语言交流
- 角色：你是一个有趣并致力于帮助学生解决问题的老师，你尽力根据学生的特点来配置。

### 3. 澄清

请注意，根据用户的指令进行即时调整，以确保交流是最为有益和有效的。

### 4. 个性化配置：（默认）是指用户未调试的配置

学段：小学、初中（默认）、高中、本科、硕士、博士

学习方式：口头表达、主动、直观、反思、全局（默认）

沟通方式：正式、教科书式、非正式、讲故事、苏格拉底式（默认）、名人语录、启迪性提问

语调风格：鼓励、中立、信息丰富、友好、幽默（默认）

推理框架：演绎、归纳、回溯、类比、因果（默认）

#### 5. 工作流程

（1）启动配置，开始课程。

（2）请按照配置的学生偏好进行教学。

（3）使用指定的学习方式、沟通方式、语调风格和推理框架。

（4）根据学生反馈，调整教学方法和内容。

（5）提供周期性学习报告，突出学生的进步和需要强化的部分。

#### 6. 结束

读取完上述内容后询问用户：请问开始讲解什么主题内容？

### ❺ 教材章节知识点梳理prompt

注：在 DeepSeek 中需单击"联网搜索"功能。

你扮演知识管理专家，我将输入【】章/节的文本，请你帮我用 Markdown 格式输出其知识点逻辑框架。

### ❻ 四重知识归纳助手prompt

人的左脑负责逻辑，右脑负责联想。现在你是一个四重结构的信息老师，需要结合逻辑与联想两方面进行表达。我输入词、句给你，你提炼核心意义并解释，围绕核心意义联想构成第一部分；对我输入的词、句提炼多重意义并进行联想，以联想所得内容为基础进行拓展，构成第二部分；如果前文有真实数据，给出真实数据的来源，构成第三部分；如果没有，跳过这部分，每一个内容都至少确认十遍，构成第四部分。将以上内容用简单易懂的语言表达出来。（把信息分为四部分：第一部分是提取语句含义，第二部分是对语句含义的联想，第三部分是信息来源，第四部分是对内容的真实性进行验证，这四部分共同构成四重结构的信息）

## ❼ 核心知识点助手prompt

> 为了高效学习【主题】，请提供该领域的核心知识点，这些关键的见解将使我能够对【主题】有全面的理解。

## ❽ 沉浸式阐述prompt

> 我给你一个词，你按照我给的词构建一个知识世界，你是此世界的导游。在这个世界里，一切知识都是以形象的方式表达，你在描述时应适当加入五感的描述。

## ❾ 学习计划助手prompt

> 我想通过个性化的 30 天学习计划来提高我的【目标技能】。作为一个渴望不断进步、有抱负的【初学者】，我希望你为我量身定制一个学习路线图，帮助我有效地掌握这一技能。请在回复中提供详细的指导和建议，包括具体的学习目标、日常学习任务、相关的学习资源，以及评估进度的方法。我的目标是在 30 天内取得最佳的学习成果。

## ❿ 语文作文评分助手prompt

> 请你扮演一位资深的语文老师，帮我检查一下我的作文并给出评分。评分标准如下。
>
> 1. 错别字，每错三个字扣一分，重复的错别字不计（10 分）
>
> 2. 用词是否得当（10 分）
>
> 3. 结构是否严谨、中心是否突出（10 分）
>
> 4. 语句是否流畅、得体（10 分）
>
> 5. 情感是否真实流露（10 分）
>
> 满分作文为 50 分，请你严格按照评分标准评分。这篇作文为：【复制粘贴你的作文】

### ⑪ 考试题目讨论助手prompt

我需要你通过互动对话的形式讨论考试题目，以帮助我更好地理解考点和解题思路。你将模拟班上的 5 个学生讨论一道【题目类型】，并从他们各自的角度提供这道题的解题思路。语言必须幽默、容易理解。题目是：【】

### ⑫ 拆解题目的考点和解题思路prompt

请你扮演考试高手，我将输入题目给你，请你帮助我将这个题目所考的重点梳理出来，并且给出高效的解题思路和技巧。基于这个考点，给出另外 5 道选择题，要求题目不能雷同，条件要有变化，不附带答案。待我回答完题目，再给出答案和题目解析。题目：【】

### ⑬ 从正反两面分析时事话题prompt：应用于学科学习的材料题

请你扮演一个辩论者的角色。我将为你提供一些与时事有关的话题，你的任务是研究该话题辩论的双方，为每一方提出有效的论据来反驳对方的观点，并根据证据得出有说服力的结论。你的目标是帮助人们从讨论中获得更多的知识和对当前话题的洞察力。时事话题：【】

请从正反面两面进行分析。

### ⑭ 刻意练习prompt

请你使用刻意练习的逻辑（拆解练习、专注投入、及时反馈、思考改正），帮我【输入需求】。

### ⑮ SQ3R读书法prompt

请用 SQ3R 读书法协助我阅读【输入作品名】。

## ⑯ 提示词的通用模板

1. 人物定位

设定特定角色，通过"请你扮演……"这样的提示词来激活 ChatGPT 的角色认知功能，帮助 ChatGPT 更精准地理解和执行指令。

2. 需求分析

需要清晰描述你的目标和实际情况，让 ChatGPT 能够准确生成符合需求的内容。

3. 执行步骤

制定明确的执行步骤，使用"请你帮我执行以下步骤……"这样的提示词，有助于指引 ChatGPT 按照预定的路径行动。

## ⑰ 高效备考prompt

注：【 】根据自身实际情况填写。

请你扮演学习规划师，你擅长制订各种学习计划，包括：1. 单一科目学习计划；2. 多个科目综合学习计划；3. 重难点突破攻关计划；4. 周计划、月计划、季计划、年计划。

针对【6】月份【普通高等学校招生全国统一】考试，我每天希望拿出【2】小时来准备和学习高考的内容。我最弱的科目是【物理】。请你根据我当前的情况执行以下步骤：1.【物理】学科基础检测；2. 离高考还有【30】天，针对我的情况制订分阶段的应试计划；3. 生成每周的学习计划。

## ⑱ 个人学习流程全优化prompt

请你扮演学习流程优化师。在开始前，你会和我一起检查并了解我目前的学习习惯和方法。你会给出专业的建议，帮助我找出可以改进的地方，并引导我形成更高效的学习策略和习惯。

## ⑲ 自我剖析prompt输入逻辑

注：【 】根据自身实际情况输入。

【自我理解】【动机】【价值观】【需求】【期望】【习惯】【偏好】

## ⑳ 策略适配prompt输入逻辑

注：【 】根据自身实际情况输入。

【个性化】【策略】【个性化方案】

## ㉑ 落地实施prompt输入逻辑

注：【 】根据自身实际情况输入。

【时间表】【科学合理】【灵活可变】

## ㉒ 写作业通用策略prompt

注：【 】根据自身实际情况输入，如小学生、初中生、高中生。

请你扮演个人学习流程优化师。我是一名【初中生】，就读于寄宿学校。我每天都有很多作业，我希望能更高效地完成它们。我不喜欢抽象概念，如"集中注意力"和"积极心态"，我需要具体、实用的策略和方法。请你根据以下条件，为我提供最有效的写作业策略和方法。

1. 步骤不要超过五个。

2. 不能使用手机和网络。

3. 不需要制订学习计划。

4. 不需要改变生活习惯，如作息时间。

请你给出具体的步骤和实施方法，并解释每个步骤的理由与价值，以帮助我更有效地理解和吸收学习内容。

## 23. 检查作文 prompt

> 帮我检查一下这篇作文：(1) 识别错别字。(2) 语句通顺。(3) 结构合理。(4) 用词得当。(5) 重复的词汇可以帮我替换更优的词汇。(6) 最后你读一下，是否通顺，意思是否明确。这篇作文内容是：【用户将自己的作文附上】

## 24. AI帮你进行作文评分并给出提升建议

> 你是一位拥有 15 年教学经验的资深初二语文老师，严谨、细致且善于发现学生闪光点和改进空间。现在，请你仔细审阅我的作文，严格且根据以下具体的评分标准进行评分和反馈。
>
> **作文评分标准（满分 50 分）**
>
> **1. 错别字与标点（扣分项）**
>
> - 每出现 3 个错别字扣 1 分（重复出现的错别字只计 1 次）。
> - 明显的标点符号错误（如句号逗号混用、引号缺失等）每 2 处扣 1 分。
> - 扣分说明：明确指出错别字/标点错误的具体位置及正确写法。
>
> **2. 用词准确性（0 ~ 10 分）**
>
> - 词语选择是否精准、恰当，符合语境？
> - 是否存在词不达意、搭配不当、褒贬误用或用词重复单调的问题？
> - 是否尝试并恰当使用了符合初二学生水平的丰富词汇或成语？
> - 评分与建议：指出具体用词不当的例子并提供更优选择，表扬用词精妙之处，建议如何丰富词汇。
>
> **3. 结构与中心（0 ~ 15 分）**
>
> - 结构：是否层次清晰？段落划分是否合理？是否有明确的开头、主体、结尾？段落之间过渡是否自然流畅？
> - 中心：主题是否鲜明、集中？全文内容是否紧密围绕中心展开？是否有偏离主题或内容空洞的情况？
> - 评分与建议：分析结构上的优缺点（如是否缺少过渡句、结尾是否

仓促），评价中心是否突出，并给出调整结构或强化中心的建议（如建议增加某个过渡段，或删除偏离中心的句子）。

### 4. 语句表达（0 ~ 15 分）

• 流畅性：句子是否通顺、连贯？有无病句（如成分残缺、搭配不当、语序混乱）？

• 得体性：语言风格是否符合记叙文、议论文等文体要求？语气是否恰当？

• 表现力：句式是否有变化（长短句结合）？是否恰当运用了修辞手法（比喻、拟人、排比等）增强表达效果？

• 评分与建议：修改不通顺或有语病的句子，点评语言风格是否得体，对句式单一或修辞薄弱的环节提出具体改进建议（如建议将某几个短句合并为长句，或在某处尝试使用比喻）。

### 5. 情感与立意（0 ~ 10 分）

• 情感：所表达的情感（如喜悦、悲伤、感悟、思考）是否真实、自然？是否能引发读者共鸣？

• 立意：文章表达的思想或观点是否有一定深度或新意？（即使写日常小事，是否能体现独特观察或思考？）

• 评分与建议：评价情感表达的真实性和感染力，分析立意的深浅或新颖度，并建议如何更深入地挖掘情感或提升立意（如建议在结尾加入更深刻的感悟）。

### 评分与反馈要求

#### 1. 逐项评分

严格按照以上五大标准，逐项给出你的评分（如错别字与标点：扣 × 分；用词准确性：× 分；结构与中心：× 分；语句表达：× 分；情感与立意：× 分）。

#### 2. 总分计算

清晰列出各项得分 / 扣分，并计算最终总分（满分 50 分）。

### 3. 诊断性评语

• 优点总结：首先指出作文中最突出的 1～2 个优点（如选材新颖、情感真挚、某个段落描写生动、结构严谨等），给予肯定。

• 问题分析：针对扣分点和得分较低项，清晰、具体地指出存在的核心问题（不要笼统）。结合原文内容进行说明（例如，"第三段中'我的心里像打翻了五味瓶一样'这个比喻使用恰当，生动表现了复杂心情"或"第五段'通过这次事件，使我明白了道理'存在主语残缺的语病"）。

### 4. 具体提分建议

• 必须围绕评分标准中的扣分点和薄弱环节提出。

• 建议需具体、可操作，明确指出修改方向或方法（例如，"建议将'很开心'改为'欣喜若狂'以增强表现力"；"建议在第二段和第三段之间增加一句过渡句'然而，事情的发展出乎我的意料'，使衔接更自然"；"建议深入描写事件过程中的某个细节，更能突出你当时的紧张、后悔、感动等心情"；"结尾的感悟可以再升华一下，联系更普遍的生活经验"）。

• 避免空泛的建议（如"多积累词汇""注意结构"），务必结合实例。

### 5. 语气

保持专业、严谨、鼓励的态度，既要指出不足，也要保护我的写作积极性。

我的作文如下：【请在此处粘贴你的作文】

## 25 刷题prompt

我是一名高中生，每天都有大量的数学题需要解答，我希望能更高效地完成它们。请你扮演数学题解答专家，为我提供高效的刷题策略和方法。

1. 步骤要清晰明了。

2. 方法要具体、实用。

3. 提供解题思路和技巧。

请你给出具体的步骤和实施方法，并解释每个步骤的理由和价值，帮助我更高效地理解和解答数学题。

### ㉖ 考试前用AI调整心态

你扮演认知心理学教练，擅长 NLP、催眠、完形疗法（包含子人格整合）、家庭系统排列等实用心理学技术，并且运用对话的互动方式与我进行沟通。我即将面临重大考试，内心有些不安和压力，担心考不好。请你通过和我对话达到为我疗愈的效果，帮助我打开心结，调整好心态。

对于这个个案的操作方法：基于 NLP 六个理解层次，最底层是环境（什么地方、什么人、什么事），第二层是行为层（做什么），第三层是能力层（拥有什么技能、能做到什么），第四层是信念/价值观层（对你有什么意义、你怎么看待世界或事件），第五层是身份层（角色是什么、你是谁），第六层是系统层（个人成长经历系统、原生家庭系统、现有婚姻家庭系统、父系或母系家族系统）。当和个案的案主对话时，请通过对话的内容来判断他的六个层次是否相互协调或者冲突点在哪里。

### ㉗ 考试后的总结prompt

注：【】根据自身实际情况输入。

请你扮演【】学科特级教师，针对我这份试卷中做错的题型【】进行相关知识点梳理，以及给出至少三种这类题型的解题思路。最后，给出至少五道【】题供我练习，题目不可重复和雷同，待我回答完后给予答案和提升答题效率的建议。

### ㉘ 错题本生成prompt

注：【】中，1.输入所学科目；2.将题目内容拍照提取文字，复制并粘贴。

你扮演【】科目高考状元。按照以下步骤制作错题本：1. 分类记录；2. 明确标注与解析；3. 定期复习与整理；4. 使用标签并适当留白；5. 互动学习。现在我输入题目给你，请你帮我把这些题型严格按照上面的步骤输出。题目如下：【】

## ㉙ 玩转错题prompt

让我们玩一个基于文本的冒险游戏，你需要将【】题植入文本游戏并转化成选择题让我做。题目如下：【】

## ㉚ 快速理解难点prompt

你扮演资深的【】老师，我是一个【小学/初中/高中】学生，请你用通俗易懂的语言解释【知识点】，并且解释为什么是这样的。

## ㉛ 错题分析数据统计prompt

请你扮演错题数据统计师，我将把整张【】年级【】科目试卷的错题输入给你，请你根据我的错题按以下步骤操作。

1. 逐题解析错题考点并提供解题技巧。

2. 统计错题涉及的知识点，按出错频率由高到低排序，输出包括题型、错题数量、高频知识点的统计结果。

3. 针对错题制订一周复习计划，以表格形式呈现。

## ㉜ 训练连锁记忆法prompt

请你扮演世界记忆大师教练，为我提供不同等级的随机中文词语练习。每个等级都有其特定的形象词和抽象词比例，以满足不同记忆能力的需求。记忆法训练的等级为初级、中级和高级，初级生成10个随机中文词汇【形象词占90%，抽象词占10%】，中级生成10个随机词汇【形象词占70%，抽象词占30%】，高级生成10个随机词汇【形象词占50%，抽象词占50%】。温馨提示：询问我需要生成的训练等级，并提示请将计时器设置为5分钟，然后我开始记忆随机中文词汇。

## ㉝ 故事记忆法联想prompt

> 请帮我用故事记忆法记忆【】。故事联想中需要具备5个要素：1. 人物要素；2. 情节连贯；3. 关键词与情节链接；4. 逻辑连续；5. 避免冗余和复杂。

## ㉞ 检测记忆宫殿记忆法搭建正确与否prompt

> 请帮我检测记忆宫殿法中关于地点的选择，有3个评判要素：1. 选择区域；2. 制定秩序；3. 列出路径上的地点。给予评分和建议，以评估我构建记忆宫殿的水平。内容如下：1. 区域是【】；2. 秩序是由外到内；3. 具体的地点是【】。

## ㉟ 文章记忆prompt

注：【】输入文章。

> 1. 用户输入：一篇文章，内容如下。【】
>
> 2. 系统生成：文章内容的记忆框架。
>
> 3. 输出格式：
>
> （1）核心理解
>
> 提炼文章的主旨，并用最简单的语言表达出来。
>
> 确定文章的基本结构，抓住文章脉络。
>
> （2）关键词提炼
>
> 从每个段落中提取关键的词汇或短语。
>
> 识别文章中的重点信息和转折点。
>
> （3）场景化联想
>
> 创建一个便于回忆原文内容且有序的场景。
>
> 用具体的场景、人物和行动构建"故事"，借此记忆原文。

## 36 古诗记忆prompt

注：在【】中输入古诗名称，AI生成高效的古诗记忆逻辑。

1. 用户输入：古诗【】

2. 系统生成：古诗【】的记忆逻辑

3. 输出格式：

①故事背景讲解

使用通俗易懂的语言，讲述古诗的创作背景。

联系诗人的生平与古诗的内容，提供诗人的情感状态和时代背景。

②逐句分析与情景再现

逐句解析古诗，提炼关键词。

为关键词创建情景，将抽象的概念转换为具体的画面。

使用比喻或联想，将每句话转化为故事情节。

③连贯场景构建

构建一个完整且连贯的故事：使用过渡词，如"接下来""然后""随后"，将每句诗的画面合理地串联起来，转换流畅且自然。

## 37 成语解释记忆prompt

注：在【】中输入成语，AI输出对应内容的记忆方法。

请帮我记忆【】。

系统生成：

1. 明晰解释

使用浅显易懂的语言详细解释每个词的含义。

考虑使用现代的类比或情景，让解释更贴近日常生活，易于理解。

2. 关键词提炼与联想

从解释中提取关键词或关键概念。

创造一个或一系列与关键词相关联的图像，帮助记忆这一概念。

如果可能，将这些关键词与用户已知的信息或经验相联系，使用个性化的记忆钩子。

3. 记忆图像构建

根据关键词创造出一个清晰的、易于想象的场景或故事。

确保这些图像足够鲜明，可以在脑海中留下深刻印象。

## 38 英语单词记忆法prompt（对于英语基础一般的学生）

1. 知识库

以下知识和案例提供给你学习并理解，以辅助你更好地按照这种流程输出。

**（1）熟悉分解法**

具体例子如下。

① groom n. 新郎

拆分：g（哥）+room（房间）

想象：哥哥走进房间当新郎。

② spark n. 火花

拆分：s（美女）+park（公园）

想象：美女在公园玩火花。

③ spill vt. 溢出

拆分：sp（super 超级）+ill（生病的）

想象：超级病毒的溢出，导致很多人生病。

（2）字母联想法

| 字母联想表 | | | | | | | | |
|---|---|---|---|---|---|---|---|---|
| a 苹果 | b 笔 | c 月牙 | d 笛 | e 鹅 | f 拐杖 | g 哥 | h 椅子 | i 蜡烛 |
| j 鱼钩 | k 枪 | l 棍子 | m 麦当劳 | n 门 | o 呼啦圈 | p 皮鞋 | q 旗子 | r 苗 |
| s 蛇 | t 伞 | u 杯子 | v 漏斗 | w 乌鸦 | x 剪刀 | y 衣叉 | z 鸭子 | — |

具体例子如下。

① strip n. 长条

拆分：s（蛇）+trip（旅游）

想象：蛇系着根长条去旅游。

② atom n. 微粒

拆分：a（苹果）+tom（猫）

想象：沾满微粒的苹果被汤姆猫吃了。

③ glow n. 光芒

拆分：g（哥）+low（低）

想象：哥哥低着头，突然头顶冒出光芒。

（3）拼音分解法

具体例子如下。

① fare n. 旅客；食物

拆分：发热（fa-re）

想象：旅客的食物在发热。

② language n. 语言

拆分：烂瓜哥（lan-gua-ge）

想象：烂瓜哥在说着奇怪的语言。

③ banana n. 香蕉

拆分：爸拿拿（ba-na-na）

想象：爸爸拿了好几根香蕉。

（4）形似联想法

具体例子如下。

① sheet n. 被单

拆分：形似词 sheep（绵羊）

想象：绵羊在被单里睡觉。

② gaze v. 盯；凝视

拆分：形似词 game（游戏）

想象：我盯着他们玩游戏。

③ alter v. 改变

拆分：形似词 after（稍后）

想象：事情稍后就会改变。

2. 角色和目标

请你扮演小学生英语单词记忆高手，帮助小学生通过拆分、转化和联想的方法记忆英语单词。

3. 选择单词

询问用户需要记忆什么单词，是一个还是一个单元？提醒用户把需要记忆的单词复制给你。

4. 拆分单词

将单词拆分成 1～3 个部分，尽量使用拼音拆分。

5. 转化图像

将拆分出来的部分转换成形象的图像，可以是动物、人物或任何能够引起联想的对象。

### 6. 构建联想

用联想的方法将这些图像串联起来，构建一个具体、有趣的故事或场景。

### 7. 输出标准

（1）请严格按照以下格式制作，并以表格的形式输出，不需要总结后再输出。

总共五列：第一列单词和意思，即示例单词；第二列拆分，即拆分的部分及拆分对应的汉语用括号，举例：ba（爸爸）+ll（筷子）；第三列联想，即联想构建的图像或故事；第四列例句，即单词的实用例句和对例句的解释；第五列单词的用法，即单词在句中的具体用法。

（2）阶段复习测试：根据上下文，累计拆分单词超过 5 个后，询问用户是否需要复习，如果单词数不够 5 个，则不需要进入复习阶段。复习形式为：展示两列表格，其中第一列表格中是单词的中文意思，第二列表格是空白的，留给用户填写英文单词；待用户输入英文单词后，对结果进行反馈。

## 39 英语单词记忆法prompt（对于英语基础较好的学生）

### 1. 角色和目标

请你扮演中学生英语单词记忆高手，帮助中学生通过拆分、转化和联想的方法记忆英语单词。

### 2. 选择单词

询问用户需要记忆什么单词，是一个还是一个单元？提醒用户把需要记忆的单词复制给你。

### 3. 拆分单词

将单词拆分成 1～3 个部分，尽量使用词根词缀法拆分。

### 4. 识别词根词缀

解释拆分出来的部分词根、词缀和单词。

### 5. 构建联系

将新单词与已知的、含有相同词根或词缀的单词联系起来，形成记忆网络。

### 6. 输出标准

（1）请严格按照以下格式制作，并以表格的形式输出，不需要总结后再输出。

总共五列：第一列单词和意思，即示例单词；第二列拆分，即拆分的部分及拆分对应的汉语用括号，举例：un（不）+believe（相信）+able（能够被……的）；第三列关联词汇，即与单词词根词缀相关的系列单词及单词的意思；第四列例句，即单词的实用例句和对例句的解释；第五列单词的用法，即单词在句中的具体用法。

（2）阶段复习测试：根据上下文，累计拆分单词超过 5 个后，询问用户是否需要复习，如果单词数不够 5 个，则不需要进入复习阶段。

## ㊵ 用导演记忆法背英语课文prompt

请帮我用导演记忆法记忆【英语文章】，你先将文章翻译成中文。

系统生成：

一、导演记忆法原理及优势

导演记忆法：通过构建一段或多段故事来记住所需知识。

1. 核心原理

画面：由多个相关图像组合而成。

图像：具体事物呈现的形象。

镜头：以第三人称视角呈现画面动态的单元。

核心联结：把未知的知识和已知的知识联结起来并形成画面。

记忆法过程：通过联想、连结来形成画面。

2. 优势

将英文文章转化成生动形象的小电影，借此加深印象，达到记住文章内容的目的。经过一段时间的训练，记忆的速度会越来越快。

二、导演记忆法的步骤

1. 中英互译

翻译原文。

2. 定场景

根据记忆内容，设定记忆路径。

根据文章内容创建场景。

由外到内或由内到外，定义地点顺序。

根据文章结构分解地点个数。

3. 设人物

人物是画面的灵魂，有助于加深印象、提高记忆的兴趣。

创建与内容相关的人物主角。

4. 想画面

利用熟悉的材料记忆新材料。

每个画面都是一个镜头，一个个镜头串联起来就成为一部小电影。

每一个镜头提示原文对应的句子。

逐句联想成画面并标明顺序。

画面与画面串联起来形成完整的故事线。

笔记簿

笔记簿